„Plattdeutscher Stammtisch"   Marta und Henry Seeland

Kookbook / Kochbuch

Der „Plattdeutsche Stammtisch"
Marta und Henry Seeland

Kookbook / Kochbuch

Geschrieben als Schreibübung vom
„Plattdeutschen Stammtisch" von Freunden
der plattdeutschen Sprache und alter Rezepte.
Neue Freunde des Plattdeutschen und „Quiddjes"
finden Hilfe bei den daneben angefügten
hochdeutschen Übersetzungen.

© **Plattdeutscher Stammtisch**
(Marta und Henry Seeland)
Kookbook/Kochbuch

Tosomenschostert un rutgeben hebbt dütt Book :
Gestaltet und herausgegeben haben dieses Buch :
Marta und Henry Seeland

Wat un wie dat schreben ward :
Redaktion des sach- und sprachlichen Lektorats :
Marta Seeland

Dat Bild bobenop :
Titelbild : Rolf Petersen

Mookt worden is dütt Book von :
Hersteller dieses Buches ist :
Books on Demand GmbH
Gutenbergring 53, D-22848 Norderstedt

All Rechten an dütt Book sünd bi den Plattdüütschen Stammdisch
Alle Rechte dieses Buches liegen beim Plattdeutschen Stammtisch

Oktober 2001   ISBN 3-8311-2845-6

Wi bedankt uns bi de Mooten
de mitmookt hebbt un ook dorför,
dat wi so veel Spooß dorbi harrn.

Wir bedanken uns bei den Freunden
welche beteiligt waren und auch dafür,
daß wir so viel Spaß dabei hatten.

Stammdischmooten, de dütt schreben hebbt:
Stammtischfreunde, welche dieses geschrieben haben :

Ingrid Goosen, Emmi Sakuth, Heimke Koch, Gisela Seumenicht, Anne Leidereiter, Liesa Schmidt, Eva Maria Ruffert, Marta Seeland, Lydia Knobeit, Johanna Hinck, Hertha Kirchner, Hermann Schwartau, Marianne Rau, Ilse Wendt, Sabine und Carsten Schmidt, Wilhelm Winkelmann, Gretel Sommer, Ingrid Wülfken, Freddy Eichling, Lisa Frick, Henry Seeland, Heinz und Erni Stoll, Lisa Matthies, Ingrid Lübberstedt, Karl-Ernst Mittendorf, Anna-Maria Gölzer, Liesel Holst, Herbert Schlatermund – genannt Hein Hamburg, Erika Meins, Grete Schmidt, Wilma Möller, Rosemarie Springer, Gisela Pechacek, Harry Hellmuth, Götz Sperling, Ursel Gier, Helene Menck, Gisela Westphal, Monika Ehlberg.

Wat in dütt Book steiht :
(Inhaltsverzeichnis :)

Een Woort vörweg.

„Allwedder een plattdüütsches Book, - dat list doch keeneen mehr !" So stimmt dat nich, - dütt Book is man bloß to 'n Halben plattdüütsch. Dor is bi dat plattdüütsche Rezept glieks dat hochdüütsche blangen bi. Dormit kann jeder - ook Quiddjes - in de plattdüütsche Sprook rinrüken un rinsmecken. Dat is good för jedeneen, denn düsse scheune, deftige Sprook is all öber veerdusend Johr old un nich vermengeleert un kröpelig worden. De hochdüütsche Sprook is noch keene fiefhunnert Johr old, un se is hüüt dörch all dat Latiensche, Franzeusche und Ingelsche kuum noch to kennen. De plattdüütsche Sprook is sauber bleben un ward von letz´ Johr an dörch de „Europäische Sprachencharta" sünnerlich hegt.

Un all de Klookschieters, de nu all Johr un Dag jede Hülp för dat Plattdüütsche as „Sterbehilfe" benäumt hebbt, denkt dat nich to End´ wat se dor seggt. Klor ward dat Plattdüütsche keen Ümgangssprook mehr warden, dorför reist veel to veel Lüüd dör´n anner un dat Globaliseern lött noch mehr Sprooken starben.

Man nu reugt sick wat in dat plattdüütsche Rebeet. Von Rügen bit Borkum un von 'n Harz bit no Sylt ward Plattdüütsches vertellt, vörlest, sungen un schreben.

'N Barg Höög kummt dor op 'n Weg. -

So harrn wi ook an unsen Plattdüütschen Stammdisch veel Höög. Ers hett dat heten : „Snacken kann ick dat woll, ober vörlesen, - nee, dat ward nix mit mi !" Denn hebbt wi tosnackt, noholpen un anschüünt, - un denn güng dat.

„Dat Vörlesen geiht jo nu, - ober Schrieben – plattdüütsch – nee, dor ward nix von."-

„Na, - 'n Kook- oder Backrezept von Dien Großmudder, dat warst Du woll noch op de Reeg kriegen !" –

Tschä, - un dorvon is dütt Book hier nu worden.

Un nu noch wat, - allns wat bi denn Verkoop von dütt Book öber is, krigt uns´ Windmöhl un uns´ Heimatmuseum.

Denn bedank ick mi an düsse Steed nu bi jeden, de dütt Book köfft. He hett sick sülben, - he hett de plattdüütsche Sprook - un he hett uns´ Elv-Eiland Willemsborg - wat Godes doon.

Henry Seeland

Ein Vorwort.

„Noch ein plattdeutsches Buch, - das liest doch niemand mehr !"
So stimmt es nicht, - dieses Buch ist nur zur Hälfte plattdeutsch. Hier
ist neben jedem plattdeutschen Rezept gleich das hochdeutsche. Damit
kann jeder – auch der Auswärtige – sich in die plattdeutsche Sprache
hineinfinden. Und das ist gut für jederman, denn diese schöne, kräftige
Sprache ist schon über viertausend Jahre alt und nicht vermischt und
verkrüppelt worden. Die hochdeutsche Sprache ist noch nicht einmal
fünfhundert Jahre alt, und sie ist heute durch all das Lateinische, Fran-
zösische und Englische kaum noch wiederzuerkennen. Die plattdeut-
sche Sprache blieb sauber und wird vom letzten Jahr an durch die „Eu-
ropäische Sprachencharta" besonders behütet. Und all die Besserwis-
ser, welche seit eh und jeh jedwede Hilfe für die plattdeutsche Sprache
als „Sterbehilfe" titulierten, denken das nicht zu Ende, was sie da sa-
gen. Sicher wird das Plattdeutsche keine Umgangssprache wieder wer-
den, dafür reisen zuviele Menschen umher und die Globalisierung läßt
noch mehr Sprachen sterben. Doch nun bewegt sich etwas in der platt-
deutschen Region : Von Rügen bis Borkum und vom Harz bis nach
Sylt wird wieder mehr Plattdeutsches erzählt, vorgelesen, gesungen und
geschrieben.
Es wird dort viel Fröhliches und Erbauliches auf den Weg gebracht. –
So hatten wir auch an unserem plattdeutschen Stammtisch viel Spaß.
Zunächst hieß es : „Sprechen kann ich es wohl, aber vorlesen, - nein,
das wird mit mir nicht gehen !" Dann haben wir zugeredet, nachgehol-
fen, überredet, - und dann ging es. –
„Das Vorlesen geht ja nun, - aber schreiben – plattdeutsch – nein, das
ist ausgeschlossen."
„Na, - ein Koch- oder Backrezept von Deiner Großmutter, das wird
Dir wohl gelingen !"
Ja, - und davon ist dieses Buch hier nun geworden.
Und nun noch etwas, - den Reinerlös dieses Buches bekommen unsere
Windmühle und unser Heimatmuseum.
An dieser Stelle möchte ich jedem danken, welcher dieses Buch ge-
kauft hat. Er hat sich, - er hat der plattdeutschen Sprache - und er hat
unserer Elbinsel Wilhelmsburg Gutes getan.
Henry Seeland

Grooßmudders Wiensupp.

Von Ingrid Goossen

Wat dorto brukt ward:

Een veddel Pund lütte Gruben,
een half Pund Rosinen,
een Stang' Kaneel,
een Buddel witten Wien (dreeveddel Liter),
dree Eier
un een veddel Pund Zucker

Un so ward de Supp kokt:

De Gruben ward in een Liter Woter kokt. Wenn se meist gor sünd kommt de Rosinen un de Kaneel dorto und toletzt de Wien.
Eier un Zucker mööt ganz dull reuhrt warden, bit dat 'n ganz dicken Schuum is. Lepelwies ward de heete Supp to den Eischuum geben.

Keen dat mag, kann de Supp mit Rum affsmecken.

Dorto smeckt Stuten mit Bodder oder mit Käs.

Großmudder hett ook männichmol Saft nommen, de ehr gärig worden is, mit 'n lütten Schuß Kunjack dorto. – Wien wär in ehr Tied to düür !

Omas Weinsuppe

Von Ingrid Gossen

Zutaten:
125 g kleine Graupen,
25ogRosinen,
1 Zimtstange,
1 Flasche Weißwein (0,75 1),
3 Eier
und 125 g Zucker

Zubereitung:

Die Graupen in einem Liter Wasser garen. Kurz bevor sie fast
weich sind, die Rosinen und die Zimtstange mitkochen.
Zum Schluß den Weißwein dazugeben und erhitzen. Eier und
Zucker verquirlen bis es schaumig ist. Löffelweise wird die heiße
Suppe zum Eischaum gegeben.

Man kann auch noch mit einem Schuß Rum abschmecken.

Als Beilage gibt es Weißbrot mit Butter oder mit Käse.

Oma nahm gelegentlich auch selbst eingekochten Saft, welcher ihr
gärig geworden war, und sie fügte einen Schuß Kognac hinzu. –
Wein war zu ihrer Zeit recht teuer !

Fleederbeersupp mit Klüten un Plummen

(in Geel heet se ook Holundersupp)
von Emmi Sakuth

Wat dorto bruukt ward :

Veer Appeln,
halben Liter Woter,
dree Etlepel Zucker,
halbe Stang' Kaneel,
dreeveddel Liter Fleederbeernsaft
un een Pund Backplummen

So ward de Supp kokt :

De Appeln schälln, dat Keernhuus rutsnieden un de Appel lütt-snieden. Woter, Zucker un Kaneel eenmol opkoken loten, de ingeweekten Plummen dorto doon un opletz den Fleederbeersaft dortogeten. Nu man bloß noch heet moken un nich mehr koken, anners geiht de Gesundheit von de Fleederbeern ut 'n Putt. –

To de Griesklüten bruukt wi :

Halben Liter Melk,
veddel Pund Grieß,
twee Eier,
'n Etlepel Mehl,
'n Spier Solt, Zucker un 'n poor Drüppen Zitronensaft to 'n Affsmecken

Un so mook ick de Klüten :

Allns to so ´n stampendicken Deeg tosomenreuhren. Dat kanns mit Melk un Mehl utstüürn. ´N beten mehr as teelepelgrote Klüten dreihn un de in springn kokenwoter setten. Wenn se denn swömmt, sünd se gor. Wenn Du se in de Supp koken deist, is dat Klore von de Supp weg, - dat süht nich ut. -

„Wenn de Klüten recht wat glatt warden söllt, muß Du Di bi ´t Klütendreihn in de Hannen speen !" Sä mien Swiegermudder. -

Fliederbeersuppe mit Klößen und Pflaumen
(im Hochdeutschen auch Hollundersuppe geheißen)
von Emmi Sakuth

Was dazu benötigt wird :

4 Äpfel,
0,5 Liter Wasser,
3 Eßlöffel Zucker,
½ Stange Zimt,
¾ Liter Fliederbeersaft
und ½ Kilo Backpflaumen

So wird die Suppe gekocht :

Die Äpfel schälen, das Kerngehäuse entfernen und die Äpfel zerkleinern. Wasser, Zucker und Zimt einmal aufkochen lassen, die eingeweichten Pflaumen hinzugeben und als Letztes den Fliederbeerensaft hinzugießen. Jetzt bitte nur noch erhitzen und nicht mehr kochen, da ansonsten die gesunden ätherischen Oele der Fliederbeeren verloren gehen.

Für die Grieskslöße werden benötigt :

½ Liter Milch,
125 g Gries,
2 Eier,
1 Eßlöffel Mehl,
Prisen Salz, Zucker und einige Tropfen Zitronensaft zum Abschmecken.

Und so mache ich die Klöße :

Alles zu einem knetbaren Teig zusammenfügen. Das kann man mit dem Zugeben von Milch bzw. Mehl regulieren. Etwas größer als Teelöffelinhalt portionieren, Klöße in den Handflächen formen und in kochendes Wasser setzen. Wenn sie aufschwimmen sind sie gar. Wollte man die Klöße in der Suppe kochen, geht die klare Färbung verloren, was dem Aussehen der Suppe schadet.

„Sollen Deine Klöße eine ebene Außenhaut erhalten, mußt Du beim Formen der Klöße in die Hände Spucken !" sagte meine Schwiegermutter

Boddermelksupp mit Backobst un Mehlklüten

von Heimke Koch

Wat in de Supp heurt sünd :

'N half Pund Backobst (Plumm´, Aprikosen un Stücken von sure Appeln – allens dreugt),
annerthalf Liter Boddermelk,
twee Etlepel Mehl,
Vanillenzucker,
Zucker un Woter.

Un mookt ward de Supp so :

Dat Backobst eenen Dag vörweg in Woter inweeken un denn mit dat Woter opkoken. Dat Mehl, den Vanillenzucker un den annern Zucker in de kolde Boddermelk verreuhren un bit to 'n Opkoken wiederreuhren. Denn dat Backobst in de Supp geben un nochmol affsmecken.

Wat to de Klüten heurt sünd :

'N veddel Pund Mehl,
'n veddel Liter Melk,
twee Eier,
'n Etlepel Bodder
un Solt.

Un mookt ward de Klüten so :

Melk, Bodder un Solt to 'n Koken bringen. Dat Mehl op eenmol rinschütten un so lang reuhren bit sick dat von den Puttbodden lösen deit. In den hitten Deeg een Ei rinreuhren un no dat affkeuhlen dat tweete Ei rinreuhren.
Mit twee Teelepel lütte Klüten affsteken un tein Minuten in de kokende Supp trecken loten.

Buttermilchsuppe mit Backost und Mehlklößen.
Von Heimke Koch

Zutaten zur Suppe :

250 gr Backobst (Pflaumen, Aprikosen und Stücke von sauren Äpfeln – alles dörrgetrocknet),
1,5 Liter Buttermilch,
30 gr Mehl,
Vanilliezucker,
Zucker und Wasser.

Fertigung der Suppe :

Das Bachobst am Vorabend in Wasser einweichen und danach aufkochen. Das Mehl, den Zucker und den Vanllienzucker in die kalte Buttermilch einrühren und unter fortgesetztem Rühren aufkochen. Dann das Backobst in die Suppe geben und noch einmal abschmecken.

Zutaten zu den Mehlklößen :

125 gr Mehl,
¼ Liter Milch,
2 Eier,
1 Eßlöffel Butter
und Salz

Fertigung der Mehlklöße :

Milch, Butter und Salz zum Kochen bringen, das Mehl auf einmal dazuschütten und rühren bis sich der Teig vom Boden löst. In die heiße Masse ein Ei, nach dem Abkühlen das 2. Ei unterrühren. Mit 2 Teelöffeln kleine Klöße abstechen, formen und in der kochenden Suppe 10 Minuten ziehen lassen.

Finkwarder Kasbeersupp mit Klüten.

Von Liesa Schmidt

Bi uns in Hamborg seggt man Kirschen, - im in Finkwarder sünd dat Kasbeeren. To mien Kinnertied wussen op uns' scheune Elvinsel veel seute Kirschen im suure Schattmorellen. To 'n Sommer gäv dat denn Kirschensupp. Mien Mudder hett jümmers half suure un half seute Kirschen för de Supp nommen. För den Winter hebbt se denn Saft un Mammelood kookt. Hüüt ward dat ook noch sülvst mookt. Ober de Kookeree mookt 'n Barg Arbeid.

Man brukt för de Klüten:

Een veddel Liter Woter
Een Etlepel Bodder
Dree Etlepel Grieß
Twee Eier
'n beten Solt

Man brukt för de Supp:

Een Pund Kasbeern
'N halben Liter Saft
Een veddel, Pund Zucker
Een Stück Kaneel
Zitonenschäll

Toerst de Klüten:

Dat Woter, de Boter und dat Solt opkoken, denn den Grieß instreien un wiederreuhrn bit sik dat as een grooten Klüten vun den Puttborden leust.

Denn rünnernehmen von 't Füür und de twee Eier ünnerreuhren.

Mit twee Lepel de Klüten ut den Deeg afsteken un in Woter bi wenig Hitt 'n veddel Stünn koken loten, bit se all bobenswemmt.

Denn de Supp:

De Kasbeem in dat Woter mit Zucker, een Stück Kaneel un de Zitronenschäll opkoken.

Denn mutt de Supp andickt wardn. Dat geiht mit Kartüffelnehl oder Sago. Wenn denn de Kirschen vörher nich utsteent wärn, - wiel dat Mudder keen Tied harr - hett uns dat Speen mit de Steen meist beter gefulln, as de Finkwarder Kasbeersupp.

Dat ward anner Kinner woll ook so gohn.

Finkenwerder Kirschsuppe mit Grießklößen

Von Liesa Schmidt

Bei uns in Hamburg sagt man Kirschen, und in Finkenwerder sind das Kasbeeren. Zu meiner Kinderzeit wuchsen auf unserer schönen Elbinsel süße Kirschen und saure Schattmorellen. Zum Sommer gab es denn Kirschensuppe. Meine Mutter nahm stets zur Hälfte saure und süße Kirschen für die Suppe.

Für den Winter haben sie dann Saft und Marmelade gekocht. Heute wird das auch noch hier und dort selbstgemacht. Aber die Kocherei macht viel Arbeit.

Man braucht für die Klöße:

Ein viertel Liter Wasser, einen Eßlöffel Butter, drei Eßlöffel Gries, zwei Eier und eine Prise Salz.

Man braucht für die Suppe:

Ein Pfund süße Kirschen, ein Pfund Schattmorellen, ein Viertel Pfund Zucker, ein Stück Zimt und Zitronenschale.

Zunächst die Klöße:

Das Wasser, die Butter und das Salz aufkochen, dann den Gries einstreuen und weiterrühren bis sich die Masse wie ein großer Kloß vom Topfboden löst.
Vom Herd nehmen und zwei Eier unterziehen.
Mit zwei Löffeln Klöße aus dem Teig abstecken und in Salzwasser bei wenig Hitze eine Viertelstunde kochen.

Nun zur Suppe:

Die Kirschen und die Schattmorellen mit Zucker, Zimt und Zitronenschale aufkochen.
Dann muß die Suppe angedickt werden. Das geht mit Kartoffelmehl oder Sago. Wenn dann die Kirschen vorher nicht entsteint waren, weil Mutter keine Zeit hatte, hat uns das Spucken mit den Steinen beinahe besser gefallen als die Finkenwerder Kasbeersuppe.

Das wird anderen Kindern wohl auch schmecken!!

Groten Hans
Von Gisela Seumenicht

Dorto geheurt för veer Leckersnuten :

Veer ole Rundstück, (dat könnt ok Hefekoken, Klöben, Bodder-
koken un sowat sien),
veer Eier,
een Veddel Liter Melk,
een halben Buddel Wien,
een Tass vull Rosinen,
`n halbe Tass Krinten,
'n halbe Tass lüttsneden´ Sukkade,
'n half Pund Tweebackmehl,
'n Veddel Pund rodes Paniermehl,
twee Lepel Smolt,
Zitronenoil,
Backpulber,
Vanilljezucker un Solt.

Un man brukt een Pufferform mit 'n Deckel, üm allns in een gro-
ten Putt mit Woter gor to moken.

Sooßen könnt wat jedereen mag - Wiensooß, Zitronensooß, Va-
nilljesooß, heete Kirschen oder Himbeern sien.

Torechtmoken :

Öber Nacht de Rundstück in de Melk un de Rosinen mit de Krin-
ten in den Wien geben.
Nu Melk un Wien affgeeten un mit de Eier glattreuhern. Mit
Zitronenoil, Solt un Vanilljezucker affsmecken. Un denn mit dat

Backpulber, de Sukkade un dat Tweebackmehl eenen stampendicken Deeg moken.

De Pufferform mit dat Smolt utstrieken un mit dat rode Paniermehl affstreihen. Den Deeg bit op een Dumenbreed ünner den Rand inkriegen, Deckel opsetten un in een groten Woterputt twee Stünn sinnig koken.

Tein Minuten affkeuhlen, utkippen un in Schieben snieden.

Soßen könnt no jeden Smack Wiensooß, Zitronensooß, Vanilljesooß, heete Kirschen oder Himbeern sien. Dat Anmoken von de Sooßen ward as bekannt annommen.

De Leckersnuten ward dor woll ok noch Slagrohm to mögen.

Ok noch no 'n poor Doog smeckt de „Groote Hans" fein, wenn de Schieben op beide Sieden in heetes Smolt oder Botter krosch broot' sünd.

Großen Hans
Von Gisela Seumenicht

Zutaten für vier Leckermäuler:

4 alte Brötchen, (es kann auch alter Hefekuchen, Klöben, Butterkuchen o. ä. - sein),
4 Eier,
¼ l Milch,
½ Flasche Wein,
100 g Rosinen,
50 g Korinthen,
50 g Sukkade,
250 g Zwiebackmehl,
125 g rotes Paniermehl,

70 g Schmalz,
1 Fläschchen Zitronenöl,
½ Päckchen Backpulver,
1 Päckchen Vanillezucker und eine Prise Salz.

Man benötigt eine Pufferform mit Deckel, um eine Garung im Wasserbad vornehmen zu können.

Als Soßen können Weinsoße, Zitronensoße, Vanillesoße, heiße Kirschen oder Himbeeren - je nach Geschmack - genommen werden.

Zubereitung:

Über Nacht die Brötchen in Milch und die Rosinen und Korinthen in Wein einlegen. Nun Milch und Wein abgießen und mit den Eiern zu einem glatten Teig rühren. Mit Zitronenöl, Salz und Vanillezucker abschmecken. Dann mit dem Backpulver, der Sukkade und dem Zwiebackmehl zu einem festen, gerade noch knetbaren Teig gestalten.
Die Form mit Schmalz ausstreichen und mit rotem Paniermehl ausstreuen. Den Teig bis auf Daumenbreite unter dem Formenrand einfüllen, Deckel aufsetzen und in einem großen Wassertopf zwei Stunden leicht kochen.
Nach zehn Minuten Kühlung stürzen und in Scheiben zerteilen.
Soßen können nach Geschmack Weinsoße, Zitronensoße, Vanillesoße, heißen Kirschen oder Himbeeren sein. Das Zubereiten von den Soßen wird als bekannt angenommen.
Die Leckermäuler werden dort wohl auch noch Sahne dazuwünschen.
Auch noch nach ein paar Tagen kann der „Große Hans" angeboten werden, wenn die Scheiben beidseitig in heißem Schmalz oder Butter knusprig gebraten werden.

Klüten un Plumm´

von Rosi Springer

Bi mien Urgroßmudder gäv dat eenmol in ´n Mond Klüten un
Plumm´- wär dat fein ! –

Dat Rezept wär bannich eenfach, se nähm :

Een Pund dörchwussen Speck in een Stück,
een Pund Backplum´, ´n beten Woter,
Zucker, Essig, ´n lütten Schuß Rum
un een´ Lepel Kartüffelmehl to ´n Andicken.

För de Klüten brukte se :

Een´ veddel Liter Melk, een veddel Pund Mehl,
een veddel Pund Bodder, een Ei,
een beten Muskot un Solt.

So hett se dat mookt :

Speck un Woter ´n korte Tied kokt,
de Plum´ - de an Vörobend all inweekt worden sünd –
hett se an den Speck geben un allns gorkoken loten.

Denn hett se allns mit Rum, Essig un Zucker affsmeckt
un mit dat Kartüffelmehl andickt. –

Aff un an heff ick von de Schü preuft, - oh - dat hett fein smeckt !

Nu de Klüten:

Se hett de Melk mit de Bodder opkokt, denn käm dat Mehl dorto. Dat hett se so lang kokt un reuhrt, bit dat Ganze as so 'n groten Klüten in den Putt nich mehr anbacken dä. Denn käm de Putt von't Füer to'n Affkeuhl'n.

An 'n End' hett se dat Ei un de Gewürzen togeben. De Klüten hett se affsteken un in koken' Woter insett un wenn se all boben swömmt hebbt wären se gor.

Ick heff op'n Diek stohn un op dat schöne Eten luurt. Von de Klüten kunn ick sachs tein Stück eten ! –

Achterher heff ick mi denn bi mien Urgroßmudder ok ganz leef bedankt.

Klöße und Pflaumen
Von Rosi Springer

Bei meiner Urgroßmutter gab es einmal im Monat Klöße und Pflaumen, -
das war was Gutes !

Das Rezept war ganz einfach, sie nahm:

Ein Pfund durchwachsenen Speck in einem Stück,
ein Pfund Backpflaumen,
etwas Wasser, Zucker, Essig und einen kleinen Schuß Rum,
und einen Löffel Kartoffelmehr zum Andicken.

Für die Klöße brauchte sie:

Einen Viertelliter Milch, ein Viertelpfund Mehl,
ein Viertelpfund Butter,ein Ei,
ein bißchen Muskat und Salz.

Und so hat sie es gemacht:

Speck und Wasser eine kurze Zeit gekocht,
die Pflaumen –welche am Vorabend eingeweicht wurden –
hat sie an den Speck gegeben und alles garkochen lassen.
Dann hat sie alles mit Rum, Essig und Zucker abgeschmeckt
Und mit dem Kartoffelmehl angedickt. –

Ab und zu hab´ ich von der Soße genascht, - oh - das schmeckte
gut !

Nun zu den Klößen:

Sie kochte die Milch mit der Butter auf und schüttete das Mehl
dazu. Sie hat das so lange gekocht und gerührt, bis sich das Ganze
wie ein großer Kloß vom Topf löste. Dann nahm sie den Topf
vom Feuer und stellte ihn zum Abkühlen.
Danach wurde der Kloß mit Ei, Muskat und Salz noch einmal
durchgewalkt. Dann wurden Klöße abgesteckt und in kochendes
Wasser gesetzt und wenn sie alle oben schwammen waren sie gar.

Ich stand auf dem Deich und habe auf das schöne Mahl gewartet.
Mir war so, als könnte ich zehn Klöße essen. –

Danach habe ich mich bei meiner Urgroßmutter ganz herzlich
bedankt.

Heetweegs
Von Emmi Sakuth

In de Fastentied Febowor/März back´ uns´ Mudder Heetwecken.
Vadder un uns Kinner smeck´n se beter as Torten un annern
Snabbelkrom.

Dat bruks Du dorto:
Een Pund Mehl
2 Eier (se schull'n nich mehr as tosomen 100 g weegen)
´n half Pund Bodder
60 g Zucker
40 g Gest
Een groten veddel Liter Melk
½ Teelepel Solt
Een veddel Pund Krinten.

Un mookt ward dat so :

Toerst kummt dat Mehl in een grote Reuhrschöddel. In een Lunk
in't Middel vun dat Mehl den fienkreumelte Gest, de Zucker un
de Eier. De Melk schull `n beeten warm sein, ober nich to hitt,
sünst verbrennt de Gest, un dat ward bloots noch platte Pann-
koken un keen Heetweegs. De Bodder ward in lütte Stücken op
den Mehlrand verdeelt,- Solt öberstrei'n, un denn kannt losgohn.
Dat mutt so lang' vermengeleert warden bit de Deeg Blosen smitt
un ok nich mehr an den Schöddelrand fastbackt.
De Schöddel mit'n Geschirrdook afdecken un an een warme Steed
to'n Opgohn stell'n.
No dat Opgohn möt noch de Krinten ünnerkneet warden.

Denn ward de Deeg so'n halben Finger dick utrullt un in veerkan-
tige Stücken sneed'n. De veer Ecken ward no binn'n slogn un de
Heetweegs op'n Platt leggt, de good mit Bodder utsmeert is.
Nu brukt dat Backwark noch mol so bummelige twintig Minuten
Roh to 'n opgohn.
Scheun blank ward de Heetweegs, wenn Du se vör`t Backen noch
mit Eigeel inpinsels.
De Backoben mutt god warm sien, denn sünd de Heetweegs in 'n
gode halbe Stünn' scheun hellbruun. Goor sünd se, wenn Du se
licht von de Platt afnehm'n kanns.

Heißwecken
von Emmi Sakuth

In der Fastenzeit , so Februar / März, backte meine Mutter Heiß-

wecken. Unserem Vater und uns schmeckten sie besser als Torten

und anderer Schnabulierkram.

Dieses brauchst Du dafür :

½ kg Mehl
2 Eier
250 gr Butter
60 gr Zucker
40 gr Hefe
150 gr Milch
½ Teelöffel Salz
125 gr Korinthen

Ausgeführt wurden sie so :

Zuerst kommt das Mehl in eine Rührschüssel. In eine Vertiefung im Mehl in der Schüsselmitte kommt die verkrümelte Hefe, der Zucker un die Eier. Die Milch sollte etwas warm sein aber nicht zu heiß sein, andernfalls verbrennt die Hefe und es werden bloß noch platte Pfannkuchen und keine Heißwecken. Die Butter wird in kleinen Stücken auf dem Mehlrand verteilt, Salz drüberstreuen und denn kann es losgehen.

Es muß so lange gerührt und geknetet werden bis der Teig Blasen schlägt und nicht mehr am Rand festklebt.

Die Schüssel ist dann tunlichst mit einem Geschirrtuch oder Ähnlichem abzudecken und an eine warme Stelle zu verbringen, damit der Teig vorgärt. Nach dem Aufgehen des Teiges können duie Korinthen eingeknetet werden..

Danach wird der Teig in einer Stärke von einem halben Zentimeter ausgerollt und in Quadrate geschnitten. Die vier Ecken werden eingeschlagen und die Heißwecken werden auf ein Backblech gelegt, welches ausreichend mit Butter bestrichen ist.

Nun muß das Backwerk noch so etwa 20 Minuten weiter aufgehen.

Recht blank werden die Heißwecken, wenn man sie vor dem Backen mit Eigelb bestreicht.

Der Backofen benötigt eine mittlere Hitze, damit die Heißwecken in 30 – 40 Minuten gut hellbraun sind. Gar sind sie, wenn sie sich leicht von dem Backblech lösen.

Willemsborger Bodderkoken
Von Eva M. Ruffert

Bodderkoken givt dat nu öberall dor wo düütsch snackt ward.
Männichmol is he ook dorno, richdig alldüütsch ! –
Wieso hett de Willemsborger Bodderkoken ´n egen Oort ?
Von allns wat ut Melk mokt ward käm för de Hamborger dat
meiste ut Willemsborg un so wär dor tohus un bi de Bäckers de
Bodder nich knapp. So käm dat, dat Kökschen un Bäckers dor rief
mit ümgohn sünd. Bi Botterkoken kann dat licht to veel warden
un he ward platt un gäv för dat Oog nix her. So hebbt se den
Deeg dicker mookt, wat he de veele Bodder ook affkunn.
So hebbt denn dicke Bodderkokens mit rieklich Botter den Nomen
„Willemsborger Bodderkoken" kregen. Dor hett dat nu keen Pa-
tent oder sowat op geben, ober för uns´ Lüüd hier wär dat so ´n
Oort Ünnerhoken, - woll so wie : „Kiek, - de is ook von hier!"

Wat dor rangeheurt :

Een Pund Mehl, ´n half Pund Zucker, ´n dreevettel Pund Bodder,
´n achtel Pund frische Gest, ´n godes veddel Pund gehobelte Man-
neln, een Tüt Vaniljezucker, een Ei, een Teelepel Solt un ´n halbe
Tass Melk.

Wie dat mokt ward :

De kolde Melk mit ´n halbe Tass heet Woter tosomengeten twee
Eetlepel Mehl und de Gest dorinreuhren. Dütt näumt man den
Vördeeg un de mutt an ´n warme Steed ´n halbe Stünn opgohn.
Denn ward dor achternanner dat Ei, dat Mehl, dat Solt un een
dreevettel Tass dünne Botter rindon un dörchkneed un nochmol
vörgohn loten wo dat ´n beten warm un keen Zug is. Nu ward ´n

Backblick infett', de Botterkoken utrullt un bi 50 Grod so hoch gohn loten, as man he warden sall – in Willemsborg twee Finger dick. Nu rut mit em ut 'n Oben un den op 250 Grod instellen. Sachen mit de Finger öberall dor 'n lütte Buul rindrücken, wo de Botterklaks hinsall. Man keen Löcker inbohren un denn de Botter verdeelen. Doröber kummt denn de Vaniljezucker un de Manneln un so ward de Bodderkoken in 'n veddelstünn toend backt. Denn kummt noch de fertige Zuckerguß doröber.

Keen jeden Dag fiert, de frogt nich no 'n Sündag !

Wilhelmsburger Butterkuchen
von Eva M. Ruffert

Butterkuchen gibt es mittlerweile im ganzen deutschen Sprachgebiet. Er ist auch manchmal danach – ein Einheitskuchen ! -
Wo ist die Besonderheit des Wilhelmsburger Butterkuchens ?
Das ist so : Als damalige Hauptversorger Hamburgs mit Milchprodukten hatten die Wilhelmsburger in den Haushalten und in den Bäckereien reichlich und preiswert Buttervorräte. Sie als Zutat leichteren Herzens zu verwenden, lag so wohl nahe. Beim Butterkuchen führt es leicht zur Überfettung, so daß er platt und wenig appetitlich erschien. Also machte man den Teig dicker und schon konnte er die Butter verkraften. So haben dicke, mit reichlich Butter versehene Butterkuchen diese Bezeichnung „Wilhelmsburger Bodderkoken" erhalten. Er hat keinerlei Patent- oder Gebrauchsmusterschutz, aber für Insider wohl einen Solidarisierungseffekt, - vielleicht etwa so : „Guck, - der is auch von hier!"

Zutaten :
500 g Mehl, 250 g Zucker, 375 gr Butter, 50 g frische Hefe, 150 g gehobelte Mandeln, 1 Paket Vanillezucker, 1 Ei, 15 g Salz und eine ½ Tasse Milch

Zubereitung :
Die Milch mit einer halben Tasse heißen Wassers zu einer lauwarmen Mischung bringen und darin die Hefe auflösen. 2 Eßlöffel Mehl und ebensoviel Zucker darunterrühren. Dieses an einem zugfreien Ort bei mehr als Zimmertemparatur ca ½ Stunde gehen lassen. Das ist dann der sogenannte Vorteig. Diesen Vorteig dann nacheinander mit dem Ei, dem Mehl, dem Salz und einer ¾ Tasse flüssiger Butter verkneten und nochmals an einem warmen Ort zugfrei vorgehen lassen. Danach wird er auf einem vorgefetteten Blech bei etwa 50° vorgebacken bis er die gewünschte Höhe erreicht hat. Aus dem Ofen nehmen und diesen auf 250° vorheizen. Vorsichtig – ohne das Backgut zu durchbohren – werden an die Stellen für die Butterflocken Dellen in den Teig gedrückt und diese dann mit Butter versehen. In dieser Zeit wird der Kuchen auch mit Mandeln und dem Vanillezucker versehen, um danach etwa 12 bis 18 Minuten fertig zu garen. Hier sollte die gewünschte Farbgebung für die Dauer bestimmend sein. Der vorbereitete Zuckerguß wird danach aufgetragen.

Wer jeden Tag feiert, der fragt nicht wann Sonntag ist !

Pannkoken

Von Henry Seeland

Se is söben, un he - fief Johr old, un se sünd jümmers dingsdags to Middag miene Kok- un Dischgäst. De dorto geheurnde liefliche Großmudder ward glieks ganz großortig to 'n Eten inlood, wenn se uns ehr Köken-Hilligdom för de Pankokenbackeree – ohn' wenn un ober - hergifft, un wenn se dat Affwaschen von Pütt un Pannn' un dat Reinefieren von de Kök toseggt. -

Tomindst dütt geheurt dorto :

Een Pund Mehl, söss Eier, wenig Woter för dicke Pankoken, veel Woter, wenn se dünn warden söllt, Fett to 'n Broden, Solt un Peper.

Jedereen kann dütt noch dor andoon :

An 'n Deeg : Melk, Selters, Slagrohm un Coca-Cola.

In de Pann': Speck un Swiensmors.

Op de Pankoken : Sure Appeln oder seute Beern in Schieben, Kaß- oder Bickbeern.

Wat op 'n Disch öber Pannkoken mokt ward : Zucker un Zimt, Honnig, Appelmos, alle Marmeloden un ok Nutella, wiel de ok so 'n beten Cleur op 'n Disch bringt.

Torechtmooken :

De Lütten sitt' mit de Been öberkrüz op den Kökendisch un bestimmt wat un woveel dorvon in de Schöttel kummt. Reuhrt ward mit eenen elektrischen Sneebessen. De ober nu in Kinnerhand dat mit binnen- un butenbords von de grote Schöttel nich so genau nimmt. Denn haut se mit ´n Sleef so ´n Schupps in de von mi mit Fett utsmeerte Pann´.

Pannkoken ward dat jümmers, - man wi snackt erst bi ´t Eten doröber, wat wi bi dat nächste Mol woll anners moken ward. Wenn ick vörher segg wi dat mookt ward, wöllt se doch no jümmern Kopp rümpütschern.

Anner Lüüd vertellt wi öberall, dat wi dree de besten – un ober ook de eenzigsten Smutjes op de Welt sünd, de Coca-Cola-Pannkoken moken könnt.. –

Dat Geele un dat Witte von de Eier uteneen to bringen is dat, wat de Lütten partout alleen mooken wöllt. Hier muß´ recht wat düllig blieben, - dat genau verkloren - un ook woll ´n Dutz´ öberleidige Eier to Hand hebben.

Du muß forsch anseggen, dat dat Witte von de Eier so lang´ to slogen is, - bit dat ut de öbern Kopp umgedreihte Schöddel nich mehr rutlöpt. Dat verseukt se meist to freuh un denn is dat mit de Groothartigkeit von de dortogeheurnde liefliche Großmudder vörbi, denn quiekt se vör Angst üm dat Tüüg von de Kinner. –

Se quiekt ook glieks los, wenn de Kinner de Pannkoken mit ´n freen Salto öber de Pann´ ümdreihn wöllt un dat denn jümmer Großmudder in de gode Stuv´ öber ehren handgewevten Teppich zeigen wöllt. Vörher muß´ jüm ´n poor faste Pankoken dorto geben; - dat geiht mit veel Melk an ´n Deeg. De smeert denn nich so wenn se mol doolfallt. Dat muß´ denn in ´n Gorden oder op ´n Balkon to end bringen loten. –

Nu is ´t an de Tied, dat ´n mit leevliche un hartliche Weur - un ´n beten öber de Backen striegeln - bi de dorto geheurnde liefliche Großmudder wedder ´n beten Sünnschien op de Reeg kummt.

„De Hunger drifft allns rin, - un wenn dat Pankoken sünd !"

Pfannkuchen
Von Henry Seeland

Sie - ist 7, und er - 5 Jahre alt, und sie sind immer dienstags zum Mittagessen meine Koch - und Tischgäste. Die dazu gehörende leibliche Großmutter wird zum Essen eineladen, wenn sie uns ihre geliebte Küche uneingeschränkt für eine Pfannkuchenproduktion zur Verfügung stellt und die Wiederherrichtung zusichert.

Diese Grundzutaten sind unerläßlich:

½ Kilo Mehl, 6 Eier, Wassermenge nach gewollter Pfannkuchendicke, Bratfett, Zucker und Salz.

Wahlweise Backzutaten wären:

Für den Teig: Milch, Selters, Sahne und Coca-Cola.
Zum Braten: Speck, Schinken, Scheibchen von sauren Äpfeln oder süßen Birnen, Kirschen oder Bickbeeren.

Wahlweise Serviervorlagen wären:

Zum Überstreuen: Zimt mit Zucker.
Zum Überstreichen: Honig, Apfelmus, alle Marmeladensorten und auch Nutella, wohl auch weil diese zur farblichen Gestaltung der Tafel am geeignetsten ist.

Zubereitung:

Meine Gäste hocken mit gekreuzten Beinen auf dem Küchentisch und bestimmen Reihenfolge und Menge der Zutaten. Unter Verwendung eines elektrischen Schneebesens mit gewolltem oder

ungewolltem Streueffekt verrühren sie alles zu den unterschied-
lichsten Konsistenzen. Dann portionieren sie ihren Teig in die von
mir gefettete Pfanne. Pfannkuchen werden es immer, - nur wir
reden erst beim Essen darüber, was wir beim nächsten Mal wohl
anders machen werden. Wenn ich ihnen vorher auch sage, wie es
gemacht werden muß, wollen sie doch nach ihrem Sinn probieren.
Nach außen wird verlautet, daß wir drei die besten und aber auch
die einmaligen Köche dieser Welt sind, welche Coca-Cola-
Pfannkuchen machen können.

Die Trennung des Eigelbs vom Eiweiß gehört zu den von den
Kindern nachdrücklichst geforderten Beiträgen bei der Zuberei-
tung. Hier ist angeraten - große Gelassenheit, sorgfältige Anlei-
tung und wohl ein Dutzend überflüssiger Eier zur Hand zu haben.

Das geschlagene Eiweiß mit dem elektrischen Schneebesen ist
solange zu bearbeiten, bis es in der über dem Kopf gehaltenen,
umgedrehten Schüssel verbleibt. Alle vorzeitigen Versuche been-
den das liebevolle Dreinblicken der dazu gehörenden, leiblichen
Großmutter und entringen ihr kleine, spitze Schreie. Auch bei den
Versuchen des Pfannkuchenwendens im freien Salto über der
Pfanne im Bereichen des handgewebten Teppichs im Wohnzim-
mer sind solche Lautbeiträge von der Großmutter zu hören.

Wenn man nun durch erhöhte Milchzugabe extra feste Pfannku-
chen für solche Versuche des Pfannkuchenwendens herrichtet und
diese dann im Garten oder auf dem Balkon fortsetzt, kann mit
zärtlichem und liebevollem Zureden und einigen Streicheleinhei-
ten bei der dazu gehörenden leiblichen Großmutter wieder etwas
Sonnenschein bewirkt werden.

„Hunger macht alles eßbar, - selbst Pfannkuchen !"

Holsteener Rüppenbroden
Von Johanna Hinck

Wo bi 't Swien de Rüppen sitt', fangt ook de Buuk an. Dorüm heet dat annerwegens ook Swiensbuukbroden. Wie dat nu ook näumt is, dat Fleesch mutt so dick sien, dat Du mit een groot Knief door twee groote Lappens von mooken kanns'. Wenn door noch eenerwegens Rüppenknokens sitt', mööt de rutsneden warden. Nu ward dat Fleesch scheun vörsichdig mit Peper un Solt inreben un denn mit 'n Knuufzibbel affreben. In de Swoort ward nochmol Solt mit de Hand richdig rinwalkt. Dat is neudig för 'n krosche Krust'. -

Nu kummt dat Backobst mit Rosinen un Krinten an de Reeg. Dat is wuschen un an 'n Obend vörher in Woter inweekt. Wullt Du so 'n beten wat Feines mit Dien Eten, denn kanns' för dat Inweeken ook 'n dreugen Wien nehmen. Dütt Backobst mutt op een Siff scheun affdrüppeln un ward denn dumendick op eenen Fleeschlappen verdeelt. Dorop kummt lüttsnedene Schieben von suure Appeln. Un nu ward dat ganze mit Tweebackmehl ö-berstreiht. Dor ward nu 'n beten Rum röber drüppelt. Von wegen den Sprit in Rum un Wien bruukst Di wegen de Kinner an 'n Disch keen Gedanken mooken, de Sprit geiht bi dat Broden in de Luft, un dor is nix von no.

De anner Fleeschlappen kummt mit de Swoort no boben dorop un denn ward de beiden rundrüm mit Tweern oder Band - un nich mit 'n Kunststofffoden –tosomenneiht. De Swoort war vörher mit 'n spitzes Knief in Karos sneden, de nich grötter sien söllt, as 'n Dumen dick is. Dat kummt nu mit de grote Brodenpann' bi 220° in 'n Backoben. För jeden Zentimeter, de Dien Rüppenbroden an de dickste Stell' is, kann he acht Minuten in 'n Oben blieben.

No 'n halbe Stünn begüttst Du Dienen Broden mit dat Woter oder den Wien wo dat Obst in inweekt wär. Wenn dat verprüttelt hest Du soveel Sooß, dat Du dormit Dienen Broden alle neeslang begeten kanns´. Dat is neudig, wenn Dien Lüüd 'n scheune, krosche Swoort eten wöllt. –

Ut den Fong kanns´ mit düsteres Sooßenpulber oder Kartüffelmehl 'n scheune Schüü moken. To 'n Schüü-opstippen paßt Kartüffeln, Klüten oder Nudeln.

'N suren Solot blangenbi ut Schikoree, Schinesenkohl, Gurken oder Tomoten käm mi woll fein to pass. -

Greunwor to dat seute Fleesch kann ick mi nu wedder nich so recht vörstellen.

Ober keen dat anners mag, - de sall dat doch so moken as he dat will. –

„Eten, slopen, supen, - langsom gohn un pupen, - dat sleit an !"

Rippenbraten nach Holsteiner Art
Von Johanna Hinck

Wo beim Schwein die Rippen sind, fängt auch der Bauch an. Darum heißt es auch anderenorts : Schweinsbauchbraten. – Wie es auch heißt, das Fleisch muß so dick sein, daß Du mit einem großen Messer daraus zwei Scheiben machen kannst. Wenn dabei Rippen stören, müssen sie herausgeschnitten werden. Danach wird das Fleisch nachhaltig mit Pfeffer und Salz eingerieben und mit einer Knoblauchzehe abgerieben. In die Schwarte wird noch einmal Salz mit der Hand richtig eingewalkt. Das ist für eine knusprige Kruste erfoderlich.

Nun kommt das Backobst mit den Rosinen und den Korinthen an die Reihe. Es ist gewaschen und am Vorabend in Wasser eingeweicht. Soll Dein Essen eine besondere Note haben, kannst Du für das Einweichen statt Wasser auch einen trockenen Wein nehmen. Das Backobstgemisch kann auf einem Sieb abtropfen und wird dann daumendick auf einem der Fleischscheiben verteilt. Darauf kommen dünne Scheiben von sauren Äpfeln. Darüber wird Zwiebackmehl gestreut. Darauf wird etwas Rum getropft. Wegen des Alkohols im Rum und im Wein braucht man sich wegen der Kinder am Tisch keine Gedanken zu machen. Der Alkohol geht beim Braten restlos in die Luft und hinterläßt keine Spuren.

Die zweite Fleischscheibe kommt nun mit der Schwarte nach oben darauf und wird mit Zwirn oder Band – und nicht mit einem Kunststofffaden – mit der Unteren vernäht. Die Schwarte ist vorher mit einem scharfen Messer in Karos geschnitten, welche nicht größer sein sollen als als ein Daumen breit ist. Nun kommt alles mit der großen Bratenpfanne bei 220° C in den Backofen. Für jeden Zentimeter, welcher Dein Rippenbraten an der dicksten Stelle mißt, sollte er acht Minuten im Ofen bleiben.

Nach einer halben Stunde begießt Du Deinen Braten mit dem Wasser oder mit dem Wein, in welchem Du die Früchte eingeweicht hast. Während das verkocht hast Du ausreichend Flüssigkeit, damit Deinen Braten nach Bedarf zu begießen. Das ist nötig, wenn Deine Gäste schmackhafte, krustige Schwarte essen wollen.

Aus dem Fond kannst Du mit dunklem Soßenpulver oder Kartoffelmehl eine gute Soße machen. Zum Soßen-aufnehmen eignen sich Kartoffeln, Klöße oder Nudeln.

Ein saurer Salat als Beilage aus Chicoree, Chinakohl, Gurken oder Tomaten könnte mir gefallen. -

Gemüse zu dem süßen Fleisch wäre nich so sehr mein Geschmack.

Aber wer es anders mag, der soll es sich auch so zubereiten wie er das möchte. -

„Essen, schlafen, saufen, - langsam gehen und furzen, -
das macht dick !"

Appelries mit Rosinen

Von Rosemarie Springer

Jo, ok as Middageten. - Dat is wat för de Lütten. Un is jo ok allns bin', wat de Minsch so bruken deit, dat he op 'n Damm blivt un ok satt ward. –

Na jo, wenn dat denn duurt bit dat wedder wat to Eten geben deit, denn versleit dat nix, dat is jo allns mogern Krom. Mit 'n Lepel Bodder rinreuhrt – oder 'n Schups Slagrohm versleit dat all mehr.

Man nimmt för veer Lüüd so üm un bi :

Een` Kooklepel Rundkorn-Ries 'n poormol waschen un mit 'n dreevettel Liter Woter un mit een' halbe Vanill' oder Kaneelstangen twintig Minuten prüddeln loten.

De veer Appeln – ehr suur as seut – no dat Schällen lüttsnieden un tein Minuten mitprüddeln loten.

`N half Pund Rosinen kanns no dat Waschen ok in Wien inweeken. Wenn wegen de Kinner de Sprit ut de Rosinen ganz rut sall, könnt se de letzten fief Minuten mitprüddeln, ansünsten no dat Prüddeln rinreuhren.

Woveel Appel un Rosin' heurt denn nu dorto ? –

As Middageten könnt dat weniger sein; as Nodisch oder Snoopkrom kann dor soveel von ran, as dor Ries an is. Dat ward denn ober leicht 'n beten to sladderig. In jede Köök givt dat dorför jo Sämigmoker, mit de is dat so stief to kriegen, as dat warden sall.

Wenn keen Slagrohm to Hand is, kann ′n ook mit Eiwitt un Zucker ′n scheunen Schuum slogen un as witte Hümpel op jeden Töller klackern oder mit ′n Büdel un so ′n Blickform sprütten.

Nu noch mit ′n beten Kaukau de Hümpels bruun mooken, - is man bloß wat för de Oogen; ober de wöllt jo ook satt warden. -

Alltoveel smeckt bitter, - ook wenn dat Honnig is !

Apfelreis mit Rosinen
Von Rosemarie Springer

Ja, auch als Hauptgericht. – Bei vielen Kindern kommt solches besonders gut an. Und es ist alles drin, was der Mensch zum Gesundbleiben und zum Sattwerden braucht. –
Na gut, wenn es denn bis zur nächsten Mahlzeit noch lange hin ist, dann hält das Sättigungsgefühl nicht lange vor, weil alles ja recht kalorienarm ist. Mit einem eingerührten Eßlöffel Butter oder einer vertretbaren Menge süßer Sahne, hält das Sättigungsgefühl länger vor. –

Man nehme für vier Personen etwa :

1 Kochlöffel Rundkorn - Reis, - mehrmals waschen und mit einem ¾ Liter Wasser und einer ½ Vanille- oder Zimt-Stange 20 Minuten köcheln lassen.

Die 4 Äpfel - eher säuerlich als süß, - sollten nach dem Schälen kleingeschnitten werden und während der letzten 10 Minuten mitköcheln.

Die Rosinen kann man nach dem Waschen in Wein einweichen. Wenn wegen der Kinder der Alkohol aus den Rosinen ganz raus soll, sollten die Rosinen während der letzten fünf der zwanzig Minuten mitköcheln; ansonsten nach dem Köcheln einrühren. Die Menge der Rosinen und Äpfel ist Geschmackssache. -

Bei einer Verwendung als Hauptgericht sollte der Fruchtanteil geringer sein. Als Nachtisch oder als Leckerei darf der Fruchtanteil bis zu dem Volumen der gekochten Reismenge gehen. Hier reicht dann aber die Verdickungsfähigkeit der Reismenge nicht mehr aus, und man muß mit den in jeder Küche vorhandenen Andickungsmitteln die gewünschte Konsistenz herbeiführen.

Wenn keine Schlagsahne zur Hand ist, kann zur Verfeinerung auch noch aus Eiweiß und Zucker ein feiner Eischnee geschlagen werden und als Häufchen auf jeden Teller gefüllt oder mit einem Beutel mit Blechformen aufgarniert werden.

Nun sind die Eischneehäubchen mit Kakao noch etwas einzufärben, was nur für das Aussehen ist, aber die Augen essen ja mit. -

Übermäßig viel schmeckt bitter, - auch wenn es Honig ist !

Willemsborger Suur Supp´
(utsproken: Szuur Szupp)
Von Marta Seeland

Dorto geheurt för veer Lüüd :
Een Schinkenknoken mit veel Resten von Schinken an. Wenn de nich dor sünd, mutt dor 'n Pund Ossenbeen to. Suppenkruut, een Pund Backobst, een Bund frischen Majoran, 'n halben Buddel Wien, fief Peperkörn, een Zibbel, een Lorbeerblatt, Zitronensaft un Solt.

För de Klüten ward 'n half Pund Mehl, 'n Eetlepel Bodder, twee Eier un een Spier Backpulber bruukt.

Torechtmoken:

Den Schinkenknoken von den Slachter so tweisogen loten, dat he in'n Putt mit kold Woter paßt. Allns Greune vun den Sellerie un den Porree mit den Majoran mit 'n Foden tosom binn'. Porree, Wöddeln un Sellerie lütt snieden un mit Peperkörn, Zibbel, un Lorbeer koken, bit dat Fleesch vun' Knoken fallt.

Dat Greuntüch mit den Foden no dat Kooken wedder ut'n Putt nehm', Fett affnehmen un Fleesch lüttsnieden.

Dat Backobst, wat 'n Obend vörher in Wien inweekt wär, in de Supp geben. Mit Zitronensaft un Solt 'n beten genau affsmecken.

För de Klüten ut dat Mehl, de warme Bodder, de Eier un dat Backpulber 'n stampendicken Deeg moken. De Klüten 'n beten mehr as duumendick dreihn un in Soltwoter so lang' koken, bit se swümmt. Denn ward se mit de Schuumkell in de Supp sett.

Keen door nu frischen Ool in mitkokt, de hett Hamborger Ool-
supp.

Ober dat mit den fetten Ool is jo nich jedereen sien Sook, dorüm
heet dütt jo ook

Willemsborger Suur Supp.

Ool un Smolt mookt dick un old !

Saure Suppe nach Wilhlemsburger Art
Von Marta Seeland

Zutaten_für vier Personen (welche Hamburger Aalsuppe
nicht mögen) :

1 Schinkenknochen mit viel Fleischresten . Ohne Fleischreste
müßte noch ½ kg Ochsenbein dazu.. Suppenkraut, ½ kg Backobst,
ein Bund frischen Majoran, ½ Flasche Wein,
5 Pfefferkörner, 1 Zwiebel, 1 Lorbeerblatt,   Zitronensaft und
Salz.

Für die Klöße wird ½ kg Mehl, 1 Eßlöffel Butter, 1 Ei und eine
Messerspitze Backpulver gebraucht.

Zubereitung:

Den Schinkenknochen zerkleinern lassen, so daß er in den Topf mit kaltem Wasser paßt. Alles Grüne von dem Sellerie und dem Porree mit dem Majoran mit einem Faden umwickeln. Porree und Sellerie kleinschneiden und mit Pfefferkörnern, Zwiebeln, und Lobeer kochen, bis das Fleisch sich vom Knochen löst.

Das mit dem Faden umwickelte Grünzeug nach dem Kochen entfernen, das Fett abnehmen und das Fleisch kleinschneiden.

Das Backobst, welches am Abend vorher in Wein eingeweicht wurde, in die Suppe geben. Mit Zitronensaft und Salz sorgfältig abschmecken.

Für die Klöße aus dem Mehl, der warmen Butter, den Eiern und dem Backpulver einen knetbaren Teig herstellen. Die Klöße etwas mehr als daumendick drehen und in Salzwasser so lange kochen, bis sie schwimmen. Dann werden sie mit der Schaumkelle in die Suppe gesetzt.

Wer hier nun frischen Aal mitkocht, der hat Hamburger Aalsuppe. Aber das mit dem fetten Aal ist ja nicht jedermanns Sache. Darum heißt diese ja auch

Wilhelmsburger Saure Suppe.

Aal und Schmalz machen dick und alt !

Ool in Aspik
Von Lydia Knobeit

To dütt Eeten brukst Du een Pund gröne Ool. Un dorto ok noch een Pund vun all dat, wat de Fischhöker an Köpp un Flossen un sowat hett; - wat de Lüüd nich hebben wöllt, wenn se Fisch keupt. Dat heurt sick verdammig smuddelig an, - is ober nödig för dütt Eeten, wat ick glieks verkloren do.

Köpen mutt man noch een Zitron, Peperkörners, een Lorbeerblatt un Machangelbeern. - Un denn bruuks noch een Glas witten Wien, dat Jibbelige vun een Ei, Solt un Peper. -

De Ool ward nu utnohmen un de Huut ward aftrocken. Nu ward he in lütte Portschoonen sneeden un denn mööt dor een poor Drüppen vun de Zitron ropp.

In de Tied lettst Du den Fischaffall een half Stünn utkoken un denn giffst Du dat Gewürz un den Wien dorto. Dat lettst Du noch een poor Minuten wiederkoken.

In düsse Bröh möt nu de Oolstücken ook noch een lütte Veddelstünn trecken, ober nich koken. Nu leggst Du de rutnom'n Oolstücken in een Schöttel un lettst de kold warden. De Fischsuud mutt nu op een Veddel vun den ganzen Kroom inkokt warden. Denn ward dat Jibbelige vun dat Ei dorünner röhrt un dat denn dörch een Dook över de Oolstück gooten. Dormit dat ook allns scheun jibbelig un fast ward, kanns de Schöddel in Dien Köhlschapp packen.

Schass mol sehn, wat Du nu för 'n fein Eeten hest, wenn Du dat op'n Disch stellst.-

Dor bliffi nix vun över, - so haut Dien Lüüd dor rin ! -

Aal in Aspik
Von Lydia Knobeit

Zu diesem Essen benötigst Du ein halbes Kilogramm grüne Aale. Und dazu noch ein halbes Kilo von all dem, was der Fischhändler an Flossen und Köpfen und so etwas noch hat; was die Leute nicht haben wollen, wenn sie Fische kaufen. Das hört sich recht unappetitlich an, - ist aber für dieses Essen notwendig, wie ich gleich erklären werde.

Kaufen muß man noch eine Zitrone, Pfefferkörner, ein Lorbeerblatt und Wacholderbeeren. Außerdem benötigt man noch ein Glas Weißwein, ein Eiweiß, Salz und Pfeffer. –

Die Aale werden nun ausgenommen und enthäutet. Danach werden sie mundgerecht portioniert und leicht mit Zitrone beträufelt.

Während dieser Zeit läßt Du die Fischfondgrundstoffe aus Flossen und Köpfen dreißig Minuten kochen und gibst danach das Gewürz und den Wein dazu. Das läßt Du noch einige Minuten weiterkochen.

In dieser Brühe müssen nun die Aalstücke noch zehn bis fünfzehn Minuten ziehen, aber nicht kochen. Nun legst Du die Aalstücke zum auskühlen in eine Schale.

Der Fischfond muß nun auf ein Viertel seines Volumens eingkocht werden. Dann wird er mit dem Eiweiß durch ein Tuch geseiht und über die Aalstücke gegossen. Zum besseren Gelieren kann man es in den Kühlschrank stellen. –

Verwunderung über dieses feine Essen wird sich ausbreiten, wenn Du dieses auf den Tisch stellst.

Es werden keine Reste zu erwarten sein, so werden Deine Tischgäste zulangen.

Hamburger Oolsupp mit Klüten

Von Hermann Schwartau

Dütt Eeten is nich no jedermans Gesmack. Ober wenn dat so mookt ward, as dat mien Oma noch kunn, denn is dat een lecker Supp.

Du brukst dorto eerstmol as de Hauptsook för veer Lüüd an de twee Pund greune Ool, de du nich mehr so eenfach, as dat freuher so güng, bi 'n Fischhöker käupen kunnst, - nee, de mußt Du vörher bestellen, un dat möten denn nich de ganz dicken Ool sien, sünnerlich de, de so 'n gooden Finger dick sünd, dat sünd de besten. Dorvon treckt man denn de Huut aff un puult de Graaden rut. Snie' dat denn in lütte Stücken, de so grod in Dien Snuut paßt. Smiet de denn in een Liter Woter, wat Du mit een poor Zibbeln, beten Solt, een veertel Liter Essig, een Lorbeerblatt un een poor Gewürze, to 'n Bispill Salbei, Majoran un Thymian to 'n Koken bringst. In düsse Breuh möt de Ool denn so suutsche gortrecken.

In een tweeten Putt kokst Du nu in een Liter Fleeschbreuh allerhand an Greuntüüg un dat mutt sien :
Een half Pund fiene greune Arfen,
een Bund Suppengreun un
een half Pund Spargel.

Du markst all, dat Du för düsse Oolsupp mehr as twee Pütt brukst, denn nu kummt noch een drütten Putt op dat Füer, in den Du een half Pund inweekte Backplum' un Aprikosen mit een Pund afschellte Beern legt hest. Dat mutt denn mit een beten Woter, Rotwien, Zimt un Zucker opkokt warden.

Wenn de ganze Krom gor is, mutt allns mit de Oolbreuh tosomenschütt warden.

Ober nu brukst Du noch de Klüten dorto, un de ward so mookt:

In een veertel Liter Woter giftst Du 25 Gramm Smolt, lettst dat koken un schüttst in düsse Breuh een veertel Pund Mehl. Dat reuhrst Du so lang, bit dat de Krom sick vun den Pottrand aflöst. Denn reuhrst een Ei un een beten Solt dor ünner. Mit een Lepel stickst Du nu de Klüten aff un giffst de denn in dat Woter, wat jümmer koken mutt.

De Klüten sünd gor, wenn se no boben kommt un dor swemmt. Nu kanns' de mit een Lepel rutfischen un in de Oolsupp leggen.

Een Masse Püttjerkrom liggt nu achter Di. Ober nu schall dat Di un Dien Familje umso beter smecken, woto ick GODEN APTIED segg.

Hamburger Aalsuppe mit Klößen
Von Hermann Schwartau

Dieses Essen ist nicht nach jedermanns Geschmack. Aber wenn es so gemacht wird wie meine Großmutter es konnte, dann ist das eine leckere Suppe.

Du brauchst dazu erstmal als Hauptsache für vier Personen ungefähr zwei Pfund grüne Aale, die Du nicht mehr - so einfach wie das früher war – beim Fischhändler kaufen kannst, - nein, Du mußt sie vorher bestellen. Es müssen nicht die ganz dicken Aale sein. Am besten eignen sich fingerdicke Aale dazu.

Man zieht ihnen die Haut ab, entfernt die Gräten und schneidet sie in mundgerechte Stücke. In einen Liter Wasser gibt man etwas Salz, einen Viertelliter Essig, ein paar Stücke Zwiebeln und ein paar Gewürze, - z.B. Salbei, Majoran und Thymian und ein Lorbeerblatt. In dieser Brühe müssen die Aalstücke langsam garziehen.

In einem zweiten Topf kochst Du nun einen Liter Fleischbrühe mit:

einem halben Pfund Erbsen
einem Bund Suppenkraut und
einem halben Pfund Spargel.

Du merkst schon, daß Du für diese Aalsuppe mehr als zwei Töpfe brauchst, denn nun kommt noch ein dritter Topf aufs Feuer. In den legst Du ein halbes Pfund eingeweichte Backpflaumen und Aprikosen und ein Pfund geschälte Birnen, gießt etwas Rotwein darüber und kochst alles mit Zimt und Zucker gewürzt auf.
Wenn alles gar ist, wird es zusammengegeben.

Aber nun brauchst Du noch Klöße dazu, und die werden so gemacht:

In einen Viertelliter Wasser gibst Du 25 Gramm Schmalz, läßt es kochen und schüttest dann ein Viertelpfund Mehl dazu. Koch und rühr es so lange, bis sich der Teig vom Topfboden löst. Dann rührst Du ein Ei und etwas Salz dazu. Setz mit einem Löffel die Klöße in kochendes Wasser. Wenn alle oben schwimmen kannst Du sie in die fertige Aalsuppe einlegen.

Allerhand Arbeit hat die Herstellung gemacht, aber nun soll die Suppe Deiner Familie umso besser schmecken, und ich wünsche „Guten Appetit" dazu.

Hamborger Austernsupp
Von Ilse Wendt

Du bruukst dorto für veer Lüüd:

Sösstein frische Austern,
een Tass Wittwien,
twee Eetlepel Bodder,
'n halben Liter Heuhnersupp,
twee Eigeel,
'n halbe Tass suren Rohm un
'n lütt beten Zitronensaft.

... un so ward dat mookt:

Du muß de Austern uteneenbreken un den Saft dorbi opfangen.

Denn mööt de Austern ut jümmer dicke School, ober den Bort nich mit.

-Den Wittwien, de Botter un dat Austemwoter in een' Putt heet warden loten, - nich koken.

Twüschentieds de Heuhnersupp mit den Rohm un de Eigeel dörchreuhren un ünner de heete Supp reuhren.

Allns mit Zitroon, Solt un Peper preuben un scheun heet öber de veer Töllers mit de veer Austern geten.

Dat is nix to 'n satt eten, ober so 'n beten wat to 'n Tungen keddeln, dormit se neeschierig ward op dat, wat noch kummt. -

Hamburger Austernsuppe
Von Ilse Wendt

Du benötigst für 4 Personen :

sechzehn frische Austern,
eine Tasse Weißwein,
zwei Eßlöffel Butter,
einen halben Liter Hühnerbrühe,
zwei Eigelb,
eine halbe Tasse sauren Rahm und
etwas Zitronensafi.

.... und so wird sie zubereitet:

Du mußt die Austern aufbrechen und den Saft dabei auffangen.

Dann müssen die Austern ohne den Bart aus ihren dicken Schalen entfernt werden.

Der Weißwein, die Butter und das Austernwasser sind nun in einem Topf zu erhitzen, ohne daß es kocht.

In der Zwischenzeit ist die Hühnersuppe mit dem Eigelb und dem Rahm zu verrühren und in die Suppe einzurühren.Alles ist mit dem Zitronensaft, Salz und Pfeffer abzuschmecken und über die auf den Tellern verteilten Austern zu füllen.

Das ist nichts Sättigendes – es reicht aber, um die Zunge zu kitzeln und neugierig auf das Folgende zu machen. -

Swattsuur

Von Hermann Schwartau

Dat is jo nu mol een Eeten, wat dat in de Stadt kuum gifft, son-
nern man blots op'n Lann', so as ick dat so belevt heff in mien
Kinnertied bi Unkel Hein in Langeloh. Dat is een Dörp deep in de
Heid', kott achter Schneverdingen. Dor bün ick meisttieds in
Sommer wesen, ober ook mol in de Wintertied, as se een Swien
slacht hebbt. Jo, un dat Swien gifft jo nu mol dat dorto, wat dat
Swattsuer den Nomen gifft, dat is dat swatte Bloot. Un nu vertell
ick Di mol, wat allns dorto gehört, wenn Du so'n püükfeines
Swattsuer hebben wullt.

Dat sünd :

Een lütt Steckreuf, een Liter Woter, een Eetlepel Solt, een veddel
Pund Backplumm', een beten Zucker, annerthalf Pund
Swienfleesch, scheun fett mutt dat sein.   Dorto kanns Du Snuu-
ten un Pooten, dat Hart, de Niern,de Ohren un ok Buukfleesch un
den Steert nehmen.
Nu nochmol een 3/4 Ltr. Woter, een Poor Peperkörner, Solt, een
Lorbeerblatt, dree Eetlepel Essig, 1/2 Eetlepel Mehl un to 'n End'
nu 1/2 Ltr. Swiensblood.

Un nu geiht dat los mit dat Kooken:

In een Putt mit een Liter Woter un mit 'n Lepel Solt kookst Du de
Steckreuf scheun week. Vörher muß Du se in nich to lütte Stücken
snieden.
In een tweeten Putt kookt all intwüschen de affwuschen
Backplumm, de in de Nacht vörher inweekt worn sünd. Dorto
kummt een Spier Zucker, dat mutt man 'n beten genau affsme-
cken.

In een drütten Putt kummt nu dat Fleesch mit Woter, Peper, Lor-
beer un Solt, un mutt so lang kookt warden, bit dat Fleesch scheun
week is. Nu dat Fleesch ut'n Putt nehmen, in lütte Stücken snieden
un in een Schöttel geeven.

Nu mutt man de Supp vun dat Fleesch dörch een Seev geben un
düsse denn wedder op dat Füer stellen, dröff ober nich kooken.
Denn kummt dat Bloot an de Reeg, wat Du mit Essig un Mehl
verröhren must un wat denn ook dörch een Seev in de Supp rin-
reuhrt ward. De Supp un dat Bloot möt goot verreuhrt warn, so-
lang bit dat so kott vörn Kooken is un scheun dick un düüster
ward.

Nu kanns een beten vun de Plummschü dorto geven un denn den
ganzen Krom öber dat Fleesch geten, in dat Du vörher de
Steckreuben un de Plumm´ leggt hest.

To dat Eeten kanns Du Soltkantüffeln oder ook Mehlklüten geben
oder - wenn dien Lüüd dat noch kennt, - ok mol wedder Bookwee-
ten-Klüten. - Goden Appetied !!!

Schwarzsauer
Von Hermann Schwartau

Das ist ja nun ein Essen, welches es in der Stadt kaum gibt, fast
nur auf dem Lande, so wie ich es in meiner Kinderzeit bei meinem
Onkel Heini in Langeloh erlebt hab.

Langeloh ist ein Dorf tief in der Heide kurz hinter Schneverdin-
gen. Dort bin ich meistens im Sommer gewesen, aber manchmal
auch in der Winterzeit wenn geschlachtet wurde. Ja, und das
Schwein gibt nun mal das dazu, was den Namen „Schwarzsauer"
ausmacht, - das ist das schwarze Blut. Und nun erzähl´ich Dir
mal, was alles dazu gehört, wenn Du ein piekfeines Schwarzsauer
haben willst:

Das sind:

Eine kleine Steckrübe, ein Liter Wasser, ein Eßlöffel Salz, ein Viertelpfund Backpflaumen, ein bißchen Zucker, eineinhalb Pfund Schweinefleisch (es sollte schön fett sein).
Dazu kann man noch Schnauze, Pfoten, das Herz, die Nieren, die Ohren und den Schwanz nehmen.
Nun nochmal dreiviertel Liter Wasser, ein paar Pfefferkörner, Salz, ein Lorbeerblatt, drei Eßlöffel Essig, einen halben Eßlöffel Mehl und zum Schluß nun einen halben Liter Schweineblut.

Und nun geht's los mit dem Kochen:

In einem Topf mit einem Liter Wasser kochst Du die Steckrüben, in nicht so kleine Stücke geschnitten, schön weich.
In einem zweiten Topf kochen schon inzwischen die über Nacht eingeweichten Pflaumen. Die muß man nach Geschmack ein wenig zuckern.
In einen dritten großen Topf kommt nun das Fleisch mit Salz und Gewürzen. Es muß so lange kochen, bis das Fleisch schön weich ist. Dann wird es aus der Brühe rausgenommen, kleingeschnitten, in eine Schüssel gegeben und warmgestellt.
Nun wird die Fleischsuppe durch ein Sieb gegeben und wieder aufs Feuer gestellt. Sie darf aber nicht mehr kochen. Dann wird das Blut, das mit Essig und Mehl angerührt und auch durch ein Sieb gestrichen wurde, in die Suppe eingerührt, - solange, bis es kurz vorm Kochen schön sämig und dunkel wird.
Du kannst noch ein bißchen von der Pflaumensoße dazugeben und alles in einer großen Schüssel – in der schon das Fleisch , die Steckrüben und die Pflaumen sind – auf den Tisch stellen. Man kann auch Steckrüben und Pflaumen getrennt servieren. – Dazu gibt es Kartoffeln oder Mehlklöße, - oder auch Buchweizenklöße.
- Guten Appetit !

Poten – Wittsuur

Von Ilse Wendt

För veer Lüüd ward bruukt :

Veer bit söss Stück Swienspoten,
twee Pund dicke Rüppen (in lütte Stücken snieden loten),
twee, dree Lorbeerblöd, Peper, Solt, 'n beten Zucker un Essig.
Dorto givt dat Soltkartüffeln un Mehlklüten.

Un so ward dat mokt :

Du givst god twee Liter Woter in eenen groten Kookputt, kookst
dat op un givst denn dat Solt, den Peper, Essig - 'n öllichen
Schups – dat beten Zucker un de Lorbeerblöd dorto.
Nu deist Rüppen un Poten dor rin un kookst dat Ganze bit dat gor
is. Dat kann meist 'n gode Stünn' duurn.
Twüschentieds setz' Du de schellten Kartüffeln mit recht veel
Soltwoter op.
För de Mehlklüten nimmst Du 'n dreeveddel Pund Mehl un
reuhrst dat mit soveel heetes Kartüffelwoter an, dat dat 'n recht
smiedigen, ober fasten Deeg ward, wo Du so grod noch Klüten
von dreihn kannst. Denn mookst Du an den Deeg 'n groten Eet-
lepel mit Botter un wölters den Deeg nochmol dörch. Dorut
dreihst Du kartüffelgrote Klüten. De kokst Du sowat bi 'n halbe
Stünn' in Soltwoter gor.
Du kanns' dat Wittsuur ok ohne Poten koken, denn ober 'n beten
mehr anneres Fleesch.
Mit Poten dickt dat von sülben. Ansünsten kanns' ober ook in de
Soß 'n beten wat to 'n Andicken rinreuhrn.

„Eten un Drinken hölt Lief un Seel' tohop !"

Weißsauer aus Schweinepfoten
von   Ilse Wendt

Für vier Personen werden benötigt :
Ca 4 – 6 Stck Schweinepfoten,
ca 1 kg zerkleinerte Schweinerippen,
2 – 3 Lorbeerblätter, Pfeffer, Salz, etwas Zucker und Essig.
Als Beilagen empfehlen sich Salzkartoffeln und Mehlklöße.

Und so wird zubereitet :
Du gibst ca 2 – 2,5 Liter Wasser in einen großen Kochtopf, kochst dieses ab und würzt es dann mit Salz, Pfeffer, reichlich Essig, - gibst etwas Zucker und die Lorbeerblätter hinzu.
Dann legst Du das Fleisch da hinein und kochst das Ganze bis es gar ist, ungefähr eine Stunde.
Inzwischen setzt Du die geschälten Kartoffeln mit recht viel Salzwasser auf.
Für die Mehlklöße nimmst Du etwa 350 gr Mehl und rührst das mit soviel heißem Kartoffelwasser an,   daß ein fest-plastischer Teig entsteht, welcher sich aber noch zum Formen von Klößen eignet. An diesen Teig gibst Du etwa 60 gr Butter, knetest diese ein und formst hieraus kartoffelgroße Klöße. Diese kochst Du in Salzwasser in etwa einer halben Stunde gar.
Du kannst ein Weißsauer auch ohne Schweinepfoten zubereiten, dann mußt Du für die Pfoten entsprechend Fleisch ergänzen.
Mit Schweinepfoten geliert alles von allein,   Du kannst jedoch auch mit Stärkemehl die Sauce verdicken.

„Essen und Trinken verbinden Leib und Seele!"

Suure Schullenfilee's
Von Sabine und Carsten Schmidt

An 'brode Finkwarder Speckschullen in 'n Mai kommt Lüüd, de deftigen Fisch möögt, nich an vörbi. Man wenn Du denn mit so 'n heelbäumigen Fischeeter an 'n Disch sitten deist, de mit de Huut un mit de Groden so 'n Oort Duell hett, denn kann de Di de Freid op de Schullen verdarben.

Kalorienfuzzies, Kinner un Greune sünd mit Speckschullen all goarnich an 't Fischeten rantokriegen.

Weeten mutt man, - dat Schullen to de mogersten Fisch geheurt un ook, wo Fischhöökers sünd, - de jümmers frische, sauber affgrood'te Schullenfilee's in 'n Loden hebbt.

Also, för veer Lüüd – moger - :

Twee Pund Schullenfilee's, een Pund fastkookende Kartüffeln.

För den Suud : een veddel Liter Essig, geiht ook mit den Saft von veer oder fief Zitroonen, een vettel Liter dreugen Wittwien, 'n halben Liter Woter, twee Lorbeerblöd, söss Machannelköörn, dree Pimentköörn, veer Zibbeln, 'n Eetlepel Kerbel, 'n Teeleepel Rosmarin.

För de Schüü : Veer Eier, een veddel Pund mogern Joghurt, Muster, Peeper, Solt, Paprikapulber.
För de Soltkartüffeln : Frischen Dill.

Anmookt ward dat so :

Kartüffeln in Soltwoter kooken. De Schullenfilees ward wuschen un affdreugt. Wien, Essig, Woter, Kruutkrooms för den Suud op-kooken, de dicken Schullenfilee's toerst, denn de dünnen rinleggen un bit se so 'n beten wat stief ward – so bi 8 - 12 Minuten trecken loten, nich kooken. Mit twee Schuumkelln oder grote Gobeln vörsichdig rutböören un warmstellen.

För de Schüü :

Eigeel un Joghurt mit den togeheurigen Kruutkroom dörchslogen, affsmecken un den Schuum von dat Eiwitt dorünner reuhren. Fienen Dill öber de Kartüffeln strein un de Zibbelringen ut den Suud op de Filee's garneern.

För veer Lüüd – nu ober deftig - :

Allns wie vörher, man bloß nich de Schüü, - dorför ober mit Brodkartüffel anmooken.
Dorto 'n godes halbes Pund Garneelen, de vörher in Knuuf-Oil brod' ward un mit de Schullenfilee's op den Disch kommt.

Mit twee Frünnen hebbt wi dorto eenen dreugen Gutedel ut dat Markgräfler Land drunken. Dat wär een Wien, wo man den Smack von de Druuben noch op de Tungen noch feuhlen kann.
De Fründschopp hölt noch an, - dorüm seggt wi för düsse Schullenfilee's good - un wünscht gooden Appetit.

Marinierte Schollenfilets
von Sabine und Carsten Schmidt

Die in der Pfanne gebratene Finkenwerder Speckscholle zur Maienzeit ist für den Verehrer rustikaler Fischgerichte ein absolutes „Muß". - Nur wenn man dann am Tisch neben sich den ungeübten Fischesser beim Kampf mit Haut und Gräten erlebt, - nimmt der eigene Appetit Schaden.

Kalorienzähler, Kinder und Grüne sind mit der Speckscholle schon garnicht zum Fischessen zu animieren.

Wissen sollte man, - daß Schollen zu den kalorienärmsten Fischen zählen und auch, welcher Fischhändler frische, völlig entgrätete Schollenfilets anbietet.-

Also, für vier Personen - kalorienarm :

1000 g Schollenfilets, 500 gr festkochende Kartoffeln.

Für den Sud : 0,25 l Essig oder entsprechend Zitronensaft, 0,25 l trockenen Weißwein, 0,5 l Wasser, 2 Lorbeerblätter, 6 Wacholderkörner, 3 Pimentkörner, 4 Zwiebeln, 5 gr Kerbel, 2 gr Rosmarin.

Für die Soße : 4 Eier, 100 gr Magerjoghurt, Senf, Pfeffer, Salz, Paprikapulver

Für die Salzkartoffeln : Frischen Dill,

Zubereitung :

Kartolleln in Salzwasser kochen. Die gewaschenen Schollenfilets gut abtrocknen.. Wein, Essig, Wasser, Gewürze für den Sud aufkochen, die dicken Schollenfilets zuerst, dann die dünneren hineinlegen und bis zur Versteifung - etwa 8 - 12 Minuten ziehen lassen, nicht kochen. Mit zwei Schaumkellen oder gelochten Pfannenwendern vorsichtig herausheben und warmstellen.

Für die Soße :

Eigelb und Joghurt mit den dafür angegebenen Gewürzen pürieren, abschmecken und das schaumig geschlagene Eiweiß drunterziehen.
Gehackten Dill vor dem Servieren über die Kartoffeln streuen und die Filets mit den Zwiebelringen aus dem Sud garnieren.

Für vier Personen - deftig - :

Wie vor, jedoch ohne die Soße - aber mit Bratkartoffeln anrichten.
Dazu 50 - 80 gr Garnelen pro Person, welche vorher in Knoblauch-Oel gebraten und auf den Schollenfilets serviert werden.

Wir tranken mit zwei Freunden hierzu einen trockenen, aber fruchtigen Gutedel aus dem Markgräfler Land.

Die Freundschaft blieb erhalten, - deswegen empfehlen wir diese Schollenfilets so weiter - und wünschen guten Appetit.

Brood´ Heern in Suur

von Wilhelm Winkelmann

De Kökschen bi de Herrschaften hebbt se nich vergeten, - man bi den Middelstand, bi Börgerslüüd kommt se nich mehr op den Disch, - kunn jo so utsehn, as harr man nix anners. –
To billig un to fett, - hett dat heeten. - Dat is doch bloß wat för lütte Lüüd !
Veel Geld warst Du bi Heern nich los, ober fett is de nich.-
Wenn Du glieks in ´t Freuhjohr Heern köffst, sünd dat meisttieds Oostsee-Heern un de hebbt weniger as dat halbe Fett, as sien Kuseng ut de Nordsee.

Also köfft ward för veer Lüüd :

Dree Pund Heern ut de Oostsee, - Huut afftrocken un ook keen Groden mehr in, -
een half Pund Zibbeln, Fischpanood, Fett to ´n Brooden, Essig, Wien, Lorbeer, Piment un Machannel. -

Un Anmmokt ward dat so :

De Hannelspanood von den   Fischhöker mit Papriko, Röst-Zibbeln, Gewürzpeper, un sowat affsmecken, - de affwuschen Filets so dörchsnieden, dat ook de Groden in de Huut an ´n Rüch´ weg sünd un denn so natt in de Panod ümdrein, -
een bit twee Stünn´ trecken loten un denn mit Palmin oder sowat kort un scharp broden.
De Filets mit twee Schubers ut de Pann´ op Kökenpapier leggen, dat Fett so ´n beten rutdrücken un affkeuhlen loten.
De Marinod mit Appelessig, Wittwien un Essigessenz sülfst anreuhren, Zibbeln in Schieben snieden, Kruutkroom, Solt un Peper no Dienen Smack to doon, -
De kolten Filets rinleggen un tomindst bit annern Dag trecken loten.

Dat is mit . . . .
. . . . . **Katüffelmos un frischen Dill un Peterzill**
ein feines Etem, wenn de Saft mit Kökenpapier so ′n beten ut de
Filets rutdrückt ward bevör se op ′n Disch kommt.

. . . . **Pellkartüffeln in Köömwoter**
kookt un mit Kruutkroom in dörgereuhten Jogfhurt/Quark een
deftiges Eten, -

. . . . **Toast un Coktailschüü**
wat Modisches för Twüschendörch, -

. . . . **Swattbrot un Beer** een Koterfreuhstück,
wat good deit. -

Marinierte Brat-Heringsfilets
Von Wilhelm Winkelmann

Die Gourmet - Päpste haben sie nie vergessen, aber die bürgerli-
che Küche kennt die kaum noch. -
Warum ? - „ To billig un veel to fett, - dat is doch bloß wat för
lütte Lüüd ! " -
Mitnichten !
Im Februar/März hat der kleine Ostsee - Hering einen Fettanteil
von 25 % des Anteils seines Vetters aus der Nordsee. -

Also davon für vier Personen :
1 kg Ostsee-Heringsfilets, - vom Fachmann filetiert, -   250 g
Zwiebel, -

Fischpannade, Pflanzenfett zum Braten, Essig, Wein, Lorbeer, Piment, Wacholder.

Zubereitung :

Die Fertigpannade vom Fischhändler nach Geschmack mit Paprika (scharf), Zwiebelgranulat, Gewürzpfeffer, etc. ergänzen und abschmecken, -
die gewaschenen Filets so trennen, daß die Rückenflosse entfernt ist und dann feucht in der Panade wenden, -
ein bis zwei Stunden ziehen lassen, bevor sie mit wenig Pflanzenfett kurz und scharf gebraten werden. -

Filets mit zwei Pfannenwendern aus der Pfanne heben, auf Küchenpapier mit leichtem Druck entfetten und abkühlen lassen.
Die Marinade mit Apfelessig - oder mit Weißwein, Rotwein oder Sherry und Essigessenz selbst gestalten, - Zwiebelscheiben, Gewürze, Salz und Pfeffer nach Geschmack hinzufügen, -
erkaltete Filets einlegen und mindestens vierundzwanzig Stunden vor dem Verzehr ziehen lassen.

Das ist mit . . . .

. . . . **Kartoffelmus und frischem Dill und feiner Petersilie** ein vorzügliches Hauptgericht, wenn die Filets vor dem Servieren mit Küchenpapier etwas entsaftet werden, -

. . . . **Pellkartoffeln in Kümmelwasser** gekocht und mit einem geschlagenen, würzigen Joghurt/-Quarkgemisch ein rustikales Hauptgericht, -

. . . . **Toast und Coktailsoße** ein passendes Zwischengericht, -

. . . . **Schwarzbrot und Bier** ein wohltuendes Katerfrühstück. -

Kantüffelsupp mit Wirsing
von Gretel Sommer

Wat man dorto bruken deit :

Twee bit dree Fleeschknoken,
'n halbes bit een dreeveddel Pund dörchwussen Speck,
annerthalf Pund Kantüffeln,
knappes halbes Pund Wöddeln,
'n veddel Pund Sellerie,
een Stangen Boree,
'n dreeveddel Pund Wirsing,
Solt, Peterzill und anner Kruut.

Nu geiht dat an 't Koken :

De Knoken affspeulen un in een un 'n veddel Liter Soltwoter to 'n Koken bringen un affschümen.

Den Speck dortogeben un sowat bi 'n dreeveddel Stünn'koken loten.

Den Sud dör 'n Seev geten un wedder mit den Speck to 'n Koken bringen.

In de Twüschentied de Kantüffeln schelln un waschen.

Wöddeln, Sellerie un den Boree torechtmoken un in lütte Stücken oder Striepen snieden.

Den Wirsing in veer Stücken snieden un den Strunk rutsnieden. De Blööd affspeulen un un in fingerbreede Striepen snieden.

De Kantüffeln un dat Greuntüüch in den Sud geben, Solt röberstreien un gode twindig Minuten koken loten.

Den Speck in Schieben oder lütte Stücken snieden un wedder in de Supp doon. Mit Solt un Suppenkruut affsmecken un mit Peterzill öberstrein.

Dat Ganze duurt so bi een un 'n veddel Stünn'.

„In 'n Kömbuddel versupt mehr Lüüd as in Woter!"

Kartoffelsuppe mit Wirsingkohl
von Gretel Sommer

Was man dafür benötigt :

2 – 3 Fleischknochen,
250 – 375 g durchwachsenen Speck,
750 g Kartoffeln,
200 g Wurzeln,
125 g Sellerie,
1 Stange Porree,
375 g Wirsing,
Salz, Petersilie und Suppengewürze.

Nun geht es ans Kochen:

Die Knochen abspülen und in 1,25 l Salzwasser zum Kochen bringen und abschäumen.

Den Speck dazugeben und etwa 45 Minuten kochen lassen.

Den Sud durch ein Sieb gießen und wieder mit dem Speck zum Kochen bringen.

Zwischenzeitlich Kartoffeln schälen und waschen.

Wurzeln, Sellerie und den Porree vorrichten und in kleine Stücke oder Streifen schneiden. Den Wirsing in vier Stücke teilen und den Strunk entfernen, die Blätter abspülen und in fingerbreite Streifen schneiden.

Die Kartoffeln und das Grünzeug in den Sud geben, salzen und reichlich 20 Minuten kochen lassen.

Den Speck in Scheiben oder kleine Stücke schneiden und wieder in die Suppe füllen.

Mit Salz und den Suppengewürzen abschmecken und mit Petersilie überstreuen.

Das Ganze dauert so etwa 75 Minuten.

„Im Alkohol ertrinken mehr Menschen als im Wasser !"

Freddy Eichling sleit wat Godes to 'n Eten vör :

Greunen Heini för 4 Portschonen

Düsse Soken sünd dorto neudig :

Twee Pund räukerte Swiensback oder räukerten Speck,
twee Pund Bohnen un 'n Spier Bohnenkruut,
veer fastkokende Beern oder
acht lütte Kokbeern,
den noch Solt, Peper un Peterzillv

1.) De Swiensback oder den Speck kort ünner heet Woter affspeulen un dorno in een Liter Woter 'n lütte Stünn' goorn loten. Dat Fleesch rutnehmen un bisiet leggen.

2.) De Bohnen putzen, waschen un eenmol in de Mitt dörchbreken. In de Breuh rindoon un mit dat Bohnenkruut afdecken.

3.) Von de Beern de Bloom rutsnieden un op de Bohnen leggen. Den Putt affdecken un de Bohnen mit de Beern op 'n lütte Hitt goorn loten.

4.) De Bohnen mit Solt un Peper affsmecken. Dorno den Speck in dicke Schieben snieden un op de Beern un Bohnen leggen un nochmol 'n beten ophitten.

5.) Bohnen, Beern un Speck, ok - „Greuner Hein" - neumt, is een dörch un dörch norddüütsches Eten un ward in 'n rustikalen Putt anricht', mit Peterzill garneert un mit Soltkantüffeln as Ünnerloog opdischt.

Lot jo man dat goot smecken !

Een klooke Mann verehrt dat Swien,
he denkt an sienen Zweck.
Von buten is dat jo nich fien,
doch binnen sitt de Speck.

meent Willem Busch

„Köksch un Katt ward jümmers satt!"

Fred Eichling schlägt etwas Gutes zum Essen vor :

Grüner Heinrich für 4 Portionen

Folgende Zutaten werden gebraucht

1 Kg geräucherte Schweinebacke oder Räucherspeck
1 Kg Bohnen und etwas Bohnenkraut
4 Stck. festkochende Birnen oder
8 Stck. kleine Kochbirnen

1.) Die Schweinebacke oder den durchwachsenen Speck kurz unter heißem Wasser abspülen und anschließend in 1 Liter Wasser 50 bis 60 min. garen. Das Fleisch herrausnehmen und beiseite legen..

2.) Die Bohnen putzen, waschen und einmal in der Mitte durchbrechen. In die Brühe geben und mit dem Bohnenkraut bestreuen.

3.)Von den Birnen die Blüte keilförmig herausschneiden und auf die Bohnen legen. Den Topf abdecken und Bohnen mit den Birnen auf kleiner Flamme 20 min. garen.

4.) Die Bohnen mit Salz und Pfeffer abschmecken. Dann den Speck in dicke Scheiben schneiden, auf die Birnen und Bohnen legen und noch einmal erhitzen.

5.) „Grüner Heinrich" ist ein typisches norddeutsches Gericht und wird in einem rustkalen Topf oder Schüssel angerichtet.Mit Petersilie bestreut und Salzkartoffeln, als Unterlage, serviert.

Lassen Sie es sich gut schmecken.

Ein kluger Mann verehrt das Schwein,
Er denkt an dessen Zweck.
Von aussen ist es ja nicht fein,
doch drinnen sitzt der Speck.

meint Wilhelm Busch

„Köchinnen und Katzen werden immer satt!"

Eirisch Stjuu
Von Lisa Frick

To Tieden von de Seilschippfohrt is dütt Rezept woll all 'n poormol üm de Welt seilt. Un allns, wat veel Reisen deiht verännert sick. So is denn de een un de anner Smutje - wenn he denn op 't Olendeel an Land güng - jümmer mit 'n anner Rezept von Irish Stew ankommen. In dat Kehdinger Land hebbt se dat mit dörchwussen Speck mokt.

In 'n Sommer gäv dat Irish Stew öberall an de Küst mit Wirsingkohl, - un mien Mudder Bertha hett dat jümmers mit Rosenkohl mookt. Dat stammt woll von de Geest.

Wi Kinner harrn - as wi lütt wären - jo noch nix mit de Engelsche Sprook an 'n Hot. Wi hebbt denn seggt : Hüüt givt dat „Eier-Schuh". –

Ick heff nu een Gastweertsch von eenen Irischen Pub frogt, wie denn nu dat richtige Rezept von Irish Stew is. Un se hett mi dat so verklort, wie 'n dat för veer Eters op de Reeg bringen mutt :

Inkäupen :

Twee Pund Homelfleesch, een Kopp Kohl, twee Pund Kartüffeln, söss goodliche Zibbeln un twee Bund Thymian, - Majoran oder Rosmarin geiht ook, wenn de Lüüd dat leeber möögt -. Solt, Peper, Kömsoot un Woter sünd woll in jede Köök.

Anmoken :

Dat Fleesch in weniger as fingerdicke Schieben snieden. De Zibbeln in Schieben half so dick as dat Fleesch snieden. De geschällten Kartüffeln un den Kohl ook in Schieben snieden. Dütt ward ümschichdig in een Glasputt stopelt, de vörweg 'n beten mit Fett utsmeert is.

Dat Kruut mutt ganz lüttfitzelt un öberall 'n beten twüschenstreiht warden. So ook mit 'n Lepel Kömsoot, Peper un Solt, - ober dat mit 'n beten Gefeuhl, anners seggt de Eters wedder, dat de Kööksch 'n nee'n Brögam hett.

Nu heurt dor 'n swören Deckel op. – Is door man bloß 'n lichten Deckel, mutt hier ers' Alu-Folie öber den Putt un nu rin in den 200° Grod heeten Backoben.

Ober nu kummt dat Vigelliensche, - de Krom mutt meist dree Stünn sachen koken, ober würklich bloß sachen, - so mutt 'n dat mit de Warms hinkriegen. An den Glasputt kanns dat jo sehn, wenn door lütte Blosen opstiegt, denn prüttelt dat so eben weg. Man bi so 'n Steenputt oder Isenputt kanns dat Prütteln heuren. Anners nimms' em mit Puttlappens in beide Hann', keen dat denn nich heurt, de feuhlt dat, - dat liese Prütteln. –

No 'n twee Stünns Tied nimms' mol 'n Stück Fleesch ut de Mitt von den Putt un preufst, wat dat all gor is. Dorno kanns de Warms von den Oben jo so hendreihn, dat de Krom denn ook heet un ook gor op 'n Disch kummt.

Wenn dat nu, as bi Hamborg, nich mit Zibbeln - ober mit Witten Kohl mookt warden sall, is een Spier Köömsoot mehr to 'n Rinstreihn neudig. Anners könnt de Eters sick achterher för Wind nich bargen.-
Wenn 'n dor nu Eters an 'n Disch hett, de dat deftig möögt, könnt dat ook Buuklappens von 'n Homel sien. Man denn sünd ook 'n poor Knuufzibbeln neudig, dormit dat Fette von dat Buukfleesch ook bekümmt.

Anbeeden mutt man achter so 'n Eten jümmer 'n Affsacker as Verdeeler. -
Tomindst eenen, - keen denn nich will, - de bruukt em jo nich to drinken. –

„Op eenen vullen Buk steiht jümmers 'n vergneugten Kopp!"

Irisch Stew
Von Lisa Frick

Zu Zeiten der Segelschiffahrt ist dieses Rezept wohl ein paar mal um die Welt gesegelt.
Und alles was viel reist verändert sich. So ist denn der eine oder andere Schiffskoch – wenn er denn aufs Altenteil an Land ging – immer mit einem anderen Rezept von Irisch Stew angkommen.
Im Kehdinger Land haben sie es mir durchwachsenem Speck gemacht. Im Sommer gab es überall an der Küste mit Wirsingkohl, und meine Mutter Berta hat es immer mit Rosenkohl gemacht. Das stammt wohl von der Geest.
Als wir Kinder noch klein waren hatten wir nichts mit der englischen Sprache am Hut, -
Wir sagten dann heut' gibt es „Eier-Schuh!"
Ich habe nun eine Wirtin einer irischen Kneipe befragt, wie denn nun das richtige Rezept für Irisch Stew ist. Und sie hat mir erklärt, wie man dieses für vier Tischgäste macht.

Einzukaufen :
2 Pfund Hammelfleisch, 1 Kopf Kohl, 2 Pfund Kartoffeln, sechs mittlere Zwiebeln und 2 Bund Thymian, - Majoran und Rosmarin tun es auch, wenn die Leute es lieber mögen. Salz, Pfeffer, Kümmelkörner und Wasser sind wohl in jeder Küche.

Anzumachen :

Das Fleisch in zentimeterdicke Scheiben schneiden. Die Zwiebeln und den Kohl halb so dick schneiden. Die geschälten Kartoffeln auch in Scheiben schneiden. Alles schichtweise in einen gefetteten Glastopf füllen und dabei würzen. Hier ist Sorgfalt geboten damit die Tischgäste bei zu salzigem Gericht der Köchin nicht den Vorwurf eines neuen Bräutigams machen. – Darauf gehört ein schwerer Deckel. Ist der Deckel zu leicht, ist eine Folienabdeckung ratsam bevor er in den auf 200° vorgeheizten Backofen kommt.

Nun kommt das Kiffligste, - dieses Gericht muß 3 Stunden köcheln, aber wirklich bloß köcheln, - so ist die Wärme zu regulieren. An einem Glastopf ist das an den aufsteigenden kleinen Blasen erkennbar, wenn etwas vor sich hinköchelt. An einem Stein- oder Metalltopf kann man das verhaltene Kochen hören. Anderenfalls nimmt man den Topf mit zwei Topflappen in beide Hände, wer es dann nicht hört, der fühlt es, - das leise Köcheln.-

Nach zwei Stunden probierst Du ein Stück Fleisch aus der Mitte des Topfes, ob es schon gar sei. Danach kann man die Wärme so regulieren, daß dieses Essen heiß und gar auf den Tisch kommt.

Wenn es nun wie in Hamburg, nicht mit Zwiebeln – aber mit Weißkohl gemacht werden soll, ist es unerläßlich etwas mehr Kümmel einzustreuen. Dieses vermeidet Blähungen. –

Wenn da nun Tischgäste sind welche es deftiger mögen, kann es auch Bauchfleisch vom Hammel sein. Dann ist als Zutat Knoblauch unerläßlich, damit der höhere Fettanteil bekömmlich bleibt.
Anbieten muß man nach solch einem Essen einen Absacker als Verteiler. -
Zumindest einen, wer nicht will, - der braucht ja nicht zu trinken. -

„Über einem vollen Bauch steht immer ein vergnügter Kopf!"

Willemsborger Rungs - Mungs
Von Lisa Matthies

Dorto geheurt :

för veer Lüüd, de op sowat eenen groten Janker hebbt :
Een Pund Steekreuben, een half Pund Wöddeln,
een Pund mehlige Kartüffeln,
twee Pund Snuten un Poten,
een lürlütt Spier dörchgemohlten Köm,
een öllich Spier Majoran,
een lütt Spier Wustkruut,
witten Peper, Solt,
Machannel, Piment,
Lorbeer un Peterzillen.

Torechtmoken :

Bi frisches Swienfleesch heurt Solt un denn vörweg öber Nacht in
'n Keuhlschrank.
Swienfleesch ut de Pökel mutt vörher woll dree Stünn' wotert
warden.
Denn mutt dat Fleesch mit Machannel, Piment un Lorbeer een un
'n halbe Stünn, ober tomindst solang koken, bit dat Fleesch licht
von 'n Knoken geiht.
Fett affüllen, Fleesch affpulen un in Happen snieden. Reuben un
Wöddeln in lüttfingerdicke Stücken snieden un mit den Majoran,
dat Kömpulber un dat Wustkruut in dat Fleeschwoter gorkoken.
Mit de gekokten Kantüffeln bloß so 'n beten dörchstampen.
Vörher soveel Woter dorvon nehmen un wedder togeben, dat dat
nu so stief is, dormit een dat grod noch mit 'n Gobel eten kann.

Nu dat Fleesch dorto geben un allns nochmol 'n beten genau affsmecken un mit 'n vergneugte Peterzillendekoratschoon op 'n Disch kriegen.

Un wenn se denn nich so 'n groten Janker hebbt un dor blivt noch wat no, denn is dat an 'n annern Dag licht in ne Pann' warm mookt, -

un smeckt denn meist noch beter !

„Keen den Buuk vull hett, denkt - de annern sünd ook satt !"

Wilhelmsburger Rübentopf mit Schweinespezialitäten

Von Lisa Matthies

Dazu gehören

für vier Personen, welche auf so etwas einen großen Appetit haben :

½ kg Steckrüben, ¼ kg rote Wurzeln,
½ kg weichkochende Kartoffeln,
1 kg Schweineschnauzen und Pfoten,
eine ganz kleine Prise gemahlenen Kümmel,
eine kräftige Prise Majoran,
eine kleine Prise Thymian,
weißer Pfeffer, Salz,
Wachholder, Piment,
Lorbeer und Petersilie.

Zubereiten :

Zu frischem Schweinefleisch gehört Salz und über Nacht Verwahrung im Kühlschrank. Schweinefleisch aus der Pökel muß vorher wohl drei Stunden gewässert werden.

Dann muß das Fleisch mit Wachholder, Piment und Lorbeer 1,5 Stunden - aber zumindest so lange kochen - bis das Fleisch sich vom Knochen löst.

Das Fett abfüllen, das Fleisch lösen und in Portionshappen schneiden. Rüben und Wurzeln in zentimeterdicke Stifte schneiden und mit Majoran, dem Kümmelpulver und dem Thymian in dem Fleischwasser garen.

Mit den gekochten Kartoffeln und leicht durchstampfen.

Vorher soviel Wasser davonnehmen und erforderlichenfalls wieder dazugeben, daß eine Steifheit entsteht, damit das Gericht noch mit einer Gabel gegessen werden kann.

Nun das Fleisch dazugeben, alles noch einmal sorgfältig abschmecken und mit einer ansprechenden Petersiliendekoration servieren.

Und wenn sie dann nicht einen so großen Appetit hatten und es gibt Reste, dann ist dieses an einem der folgenden Tage einfach in der Pfanne zu erwärmen, -
und es schmeckt dann beinahe noch besser !

„Wer den Bauch voll hat, meint - andere seien auch satt !"

Labskaus
Von Ingrid Wülfken

Een Eten ut de Seefohrtstied, as man noch ohne Keuhlmeuchlich-keiten de Crew wat vörsetten müss' un de Reisen Weeken un Moonden duurten.

Üm wat Eetbores optobewohren harr man Rook, Solt un Essig. De Smutjes müssen recht plietsch wesen, üm mol dütt un mol dat to koken.

Mit all dat wat to Labskaus heurt, kunn' de Seelüüd sick dat Eten so torechtmoken, as se dat müchen, wenn de Smutje dat bi 't Koken all utenannerholen kunn. Dat güng bi stieben Wind ober nich jümmers. –

Dorüm ward dütt Eten hier an de Küst' jümmers noch wie een Eenputteten mokt, ober dat fette Fleesch ward meisttieds weglo-ten. –

För söss Lüüd bruukst Du :

Annertalf Pund von 't Swien oder Cornedbeef,
nich ganz ' n Pund Kartüffeln,
söss Matjes
een godes Veddelpund Rode Beet
nich ganz 'n halbes pund Soltgurken,
söss Eier, Peper, Kömsoot oder/und Majoran.

So ward dat mokt:
Dat Fleesch ward kookt bit dat ut 'n anner fallt. Anfangs dat Wo-ter so lang weggeeten un nee nogeeten, bit dat Ganze meist nüch-tern is.

Nich so veel Solt an de Kartüffeln moken, affgeeten un dörstampen.

De Matjes so ut de Tünn, afftrecken, Groden rutnehm' un lütt snieden. Rode Beet un Gurken ok lüttsnieden. All's good dörchreuhr'n, mit de Gewürzen affsmecken un heet op 'n Disch kriegen.

Vörher mooks Du för jeden Dischgast ein krosches, ober weekes Spiegelei, un dat krigt jeder op sein Hümpel Labskaus.

Wenn Du dat allns torecht mooks steihst Du so, wie in de Kombüs von eenen Veermastschoner bi schräg/achterlichen Wind von söss bit acht un tein Perzent op de Siet, hooge, kotte Brekers, - as männichmol in de Biscaja.

Wenn di dütt Dien Lüüd an Disch gläuvt, kann dat Drinkgeld viellich all de Anfang von Diene Rente sien.

„Is de Buuk vull, kann de Oors ook Hochdüütsch !"

Labskaus
Von Ingrid Wülfken

Ein Gericht aus der Zeit der Seefahrt, als man noch ohne Kühlmöglichkeiten die Besatzung beköstigen mußte und die Reisen Wochen und Monate dauerten.

Die Konservierungsmittel waren Rauch, Salz und Essig. Die Schiffsköche brauchten viel Phantasie, um Abwechselungen in den Speisenplan zu bekommen.

Die Vielfalt der Labskauszutaten gab dem Seemann die Möglichkeit, seinem individuellen Geschmack zu entsprechen, wenn der Koch die Zutaten weitgehendst getrennt servierte. Das war bei stärkerem Wind nicht immer möglich.

Daher wird das Gericht hier an der Küste immer noch wie ein Eintopfgericht serviert, aber die fetten Fleischzutaten werden gemieden. –

Benötigt werden für 6 Personen :

750 gr mageres Pökelfleisch oder Cornedbeef,
400 gr Kartoffeln,
6 Stück Matjesheringe
150 gr eingelegte Rote Beete
150 gr Salzgurken
6 Eier
Pfeffer, Kümmel und/oder Majoran

Zubereitung :

Das Pökelfleisch wird bis zum Zerfall gekocht. Hierbei wird das Wasser so oft gewechselt, bis die Fleischproben beinahe nüchtern sind.

Die Kartoffeln werden schwach gesalzen, gekocht und püriert. Matjesheringe ungewässert filetieren, entgräten und in kleinste Gabelhappen schneiden. Das Gleiche mit den Roten Beeten und den Gurken.

Wenn alles gemischt ist, mit Hilfe der drei Gewürze abschmecken. Dann alles auf Serviertemparatur erhitzen. Während dieser Zeit für jeden Tischgast ein krosses, aber weiches Spiegelei herstellen und auf dem Labskaus servieren.

Während der Zubereitung stehen Sie bitte so wie in der Kombüse eines Viermastschoners bei schrägachterlichem Wind 6 – 8, 10% Schieflage und kurze, steile Dünung wie zum Beispiel in der Biskaja. –

So Sie dieses Ihren Tischgästen glaubhaft versichern werden die heutigen Trinkgelder ein solides Fundament für Ihre Alterssicherung sein.

„Ist der Bauch voll, kann der Hintern auch furzen !"

Greunkohl mit Swiensback un Kohlwusst.

Von Erni un Heinz Stoll

Wenn he in Bremen ook Brunkohl mit Pinkel heet, is dat dat sülbige as hier de Greunkohl mit Swiensback un Wust.

För Footballmannschaften, Kegelklubs, Eten för Arbeitskollegen un sowat, - also dat Afffuddern von 'n Hupen Lüüd - dorför is düsse deftige Kost tomindst eenmol in 'n Johr Plicht. – Wat man dat nu gläuvt oder nich, se weet' dat all mit düssen Kalorien- un Cholesterinkrom, ober nee – öber dat veele schiere Fett wat se rinfreet' muß di wunnern.

Wenn de, de dat Eten op de Reeg bröcht hett, dat Gewicht von dat wegputzte Fleesch dörch de Lüüd - de dat eten hebbt deelt, - müß he woll wegen dat Drütte Gebot – „liebe Deinen Nächsten" - vörsichtshalber Notdokters mit dat neudige Geschirr to Hand hebben. –

Man bloß sien fasten Globen, dat de dorto wegsopene Sprit tomindst för den Weg no Huus sien Lüüd an 't Leben hölt, lett em dat Drütte Gebot vergeten. –

För veer Lüüd ward brukt :

Dree Pund affstreupelten Greunkohl, een grote Räukerswiensback, twee pund Kassler Rüppen, veer, - beter noch söss räukerte Kohlwüst, 'n Hand vull Hoberflocken, dree Pund Kartüffel un för jeden an 'n Disch to anmoken : Solt, Zucker un Muster. Dat sall Heidjer geben, de sick Honnig öbern Grönkohl mokt. Wi hebbt noch keenen dorbi sehn, ober bi de Heidjer kanns' jo nie weten. -

Torechtmokt ward dat so :

De Kohl ward 'n poormol wuschen, in 'n groten Putt affkookt un affgoten. In de Mitt' ünner den Kohl kummt alles Fleesch un denn mutt dütt annerthalf bit twee Stünn' sachen koken. De Kohlwust kummt de letzte halbe Stünn' ganz boben op den Kohl. Wenn dat Fleesch gor is, kummt dat mit de Wust in 'n heten Backoben', - denn ward de Kartüffeln opsett'. De Greunkohl ward lüttsnieden, ober nich moost. Denn mutt de Kohl noch eenmol mit de Hoberflocken opkookt un mit Solt affsmeckt warden.

De lütten Kartüffeln ward bi 't Schällen nich dörchsneden. Se kommt no dat Koken in de Pann' un ward mit 'n beten Zucker un Fett scheun bruun brod' un kommt blangen de Soltkartüffeln op den Disch. Fleesch un Wust mööt öber de Etens-tied warmholen un jümmers wedder anboden warden.

Nu mokt sick Lüüd Zucker, Muster oder ook Honnig öber den Kohl üm den Kohlgesmack so 'n beten to minnern. Dat is jedereen sien Sook. –

Keen so 'n Greunkohleten nich mag, de mutt sick no de Fast - Food - Fritten - Smeden hinscheern un dor ut de Plastiktüten freten. -

Sowat vergneugtes as een Greunkohl-Eten ward he dor nich finn'!

„Dat is een Schietkerl, de nich twee Mohltieden achternanner hollen kann !"

Grünkohl mit Schweinebacke und Kohlwurst

Von Erni und Heinz Stoll

Wenn es in Bremen auch Braunkohl mit Pinkel heißt, ist es bis auf individuelle Zubereitungdvarianten das gleiche Gericht.

Für Fußballmannschaften, Kegelklubs, Firmenessen - also Gruppenabfütterungen jederart, ist dieses rustikale Lustgericht mindestens einmal jährlich eine Pflichtübung. Unverständlich ist bei dem heutigen Kalorienbewußtsein und dem Wissen um das Risiko eines nach oben schnellenden Cholesterinspiegels nicht allein der Grünkohl, nein - auch die Menge der verschlungenen tierischen Fette ist beachtenswert.

Wenn ein Ausrichter nach dem Essen die verzehrte Menge durch die Zahl der Esser teilt, müßte er aus Nächstenliebe vorsorglich Notärzte mit Entsorgungsgeräten alarmieren. Nur sein fester Glaube, daß die dazu gereichte Menge an Alkoholika mindestens für die Zeit des Heimwegs seiner Gäste eine stabilisierende Wirkung hat, - hält seine Nächstenliebe in Grenzen.

Zutaten für 4 – 6 Personen :

1½ kg Grünkohl ohne Blattrispen, 1 große geräucherte Schweinebacke, 1 kg Kasseler Nacken, 4 – 6 Kohlwürste, 50 gr Schmelz – Haferflocken, 1½ kg Kartoffeln - und für jeden Tischgast zum Nachwürzen : Salz, Zucker und Senf.

In der Südheide wird auch noch Honig gereicht. Hier ein eher unbekannter Brauch, aber Heidjern wohl zu unterstellen. -

Zubereitung :

Der Kohl wird 3 – 4 mal gewaschen und in einem großen Topf ungesalzen abgekocht und abgegossen. In die Mitte unter den Kohl kommt das Fleisch. 90 – 120 Minuten leicht Kochen, dabei die Kohlwurst die letzte halbe Stunde auf dem Kohl mitkochen lassen. Wenn das Fleisch gar ist, kommt es mit der Wurst in den heißen Backofen. Nun die Kartoffeln aufsetzen. Der Kohl wird zerkleinert, aber nicht gemust. Dann muß der Kohl noch einmal mit den Schmelzflocken aufgekocht und mit Salz abgeschmeckt werden. Hier ist wegen des unterschiedlichen Salzgehaltes des Fleisches evtl. noch nachzusalzen.

Die kleineren Kartoffeln sind beim Schälen nicht durchzuschneiden sondern rund zu belassen. Sie sind jetzt in der Pfanne leicht anzubraten, mit etwas Zucker zu karamellisieren und gesondert zu reichen.

Nun würzen einige Esser ihren Kohl mit Senf andere mit Zucker, um den typischen Kohlgeschmack zu dämpfen. Das sind eher Weltanschauungen. Wer den Kohlgeschmack nicht mag, soll in die Welt des Fast-Foods abtauchen. –

Eine Geselligkeit wie bei einem Grünkohlessen wird er dort vergebens suchen.

„Ein Schwächling, wer nicht zwei Mahlzeiten hintereinander vertilgen kann !"

Hamborger Fischpann´

Von Ingrid Lübberstedt

Dat wär woll ´mol ´n richtiges Middageten mit Lachs oder Ool ut de Elv. Nu kennt wi dat ober as ´ne Pann´ to ´n Obendbrot, wenn dat middags Fisch geben hett un rieklich wat no bleben is.

Von wegen – „Fisch nich wedder opwarmen, dat kriegt de Katten!" - De kriegt Kopp, Steert un Groden - un mehr nich. Wenn Katten Dischresten kriegt, denn ward se jümmer fuuler, - un de Müüs ward jümmer mehr. - So weur seggt. -

Natürlich sünd hier de Brotkartüffeln mit Speck un Zibbeln de Hauptsook. Wat nu Kookfisch oder Brodfisch dorto käm, dor wären de Groden von affsöcht un denn käm de Fisch in de Brotkartüffeln, - eben vörher, beför de Pann´ op ´n Disch käm. -

Wi Kinner kämen denn so an ´n Disch to sitten, dat wi ook an de Pann´ rankommen kunn´.

Ick kann mi noch dor op besinn´, wat Großvadder mi jümmers ´n Stück - wat ick geern müch - hinschoben hett, wiel dat ick mit mienen lütten Arm jo nich ganz röberrecken kunn, öber de Pann´.

Wenn ick mi hüüt dorop besinn´ do, wär dat Eten - mit alle Mann ut eene Pann´, - för mi een kommodiges Belevnis. Bi dat Wort „to Huus" kummt mi dat Bild jümmers wedder vör Oogen.

Hüüt givt dat jo ´n „Eßkultur". So heet dat nu, - wenn de Pann´ in de Köök blifft, jeder sienen eegen Töller un ´n Dischdeek för sick hett, wo keeneen wat ropklackern dröff. –

'N Rezept von de „Hamborger Fischpann"
is bi jede Kööksch anners, - mien is so :

De Brotkatüffeln mook ick ut Pellkatüffeln, de ick mit rieklich Köömsoot kookt heff. De snie ick half dörch un in dünne Schieben. Ick reken 'n halbes Pund för jeden Eter.

Den Speck – soveel as een Heuhnerei för jeden – un twee gotliche Zibbeln snie ick in dünne Schieben. -

Nu loot ick soveel Palmin in de Pann' recht heet warden, dat de Kartüffelschieben door von alle Sieden 'n beten bruun in ward. Door mutt jümmers in rumreuhrt warden. –

Denn ers kummt de Speck dor rin un de Zibbeln. Wenn se glosig sünd, geet ick dat öberleidige Fett dörch een Siff aff un do allns wedder in de heete Pann'.

Op letzt kummt denn de Fisch dor rin, den ick vörher in nich so lütte Stücken sneden heff. Vörsichdig wiederreuhren, wat de Fisch nich to fien ward. – Mit 'n Deckel op de Pann is de Fisch in 'n poor Minuten gor.

Dorto smeckt : Solte oder suure Gurken, - rode Beet, - Selleriesolot, - alle Oort Kruutsolot, - Bohnensolot, - na, allns wat suur is. Dat is ook neudig, dormit de Hamborger Fischpann ook jedereen god bekummt. -

„Dat Johr hett veel dog, - man noch mehr Mohltieden !"

Hamburger Fischpfanne
Von Ingrid Lübberstedt

Das war einst wohl ein richtiges Mittagessen mit Lachs und Aal aus der Elbe. Nun kennen wir das aber als eine Pfanne zum Abendessen, wenn es mittags Fisch gab und reichlich nachgeblieben war.

Von wegen – „ Fisch wird nicht wieder aufgewärmmt, den bekommen die Katzen !" – Die bekommen Kopf, Schwanz und Gräten – und mehr nicht. Wenn Katzen Speisereste bekommen, werden sie immer fauler und die Mäuse werden mehr. – So wurde gesagt.

Die Bratkartoffeln mit Speck und Zwiebeln sind wohl doch die Grundlage. Ob es nun Koch- oder Bratfisch waren, es wurden die Gräten abgesucht und dann kam der Fisch in die Bratkartoffeln, - kurz bevor die Pfanne auf den Tisch kam.

Wir Kinder wurden dann so plaziert, daß wir die Pfanne so grade erreichen konnten. Ich erinnere, daß mein Großvater mir immer ein Stück welches ich gerne mochte – hingeschoben hat, dieweil ich es mit meinen kurzen Armen nicht erreichen konnte.

Wenn ich mich heute daran erinnere, war das Essen - aus einer Pfanne, - für mich ein heimeliges Erlebnis.

Bei dem Wort „zu haus" kommt mir das Bild davon immer wieder vor Augen.

Heute gibt es ja eine „Eßkultur". So heißt es nun, wenn die Pfanne in der Küche bleibt und jeder seinen eigenen Teller auf einer Tischdecke vor sich hat, welche keiner bekleckern darf. –

Ein Rezept für die „Hamburger Fischpfanne"
ist bei jeder Köchin anders, meines ist so :

Die Bratkartoffeln mache ich aus Pellkartoffeln, welche ich mit reichlich Kümmelkörnern gekocht habe. Die halbiere ich und schneide sie in dünne Scheiben. Ich rechne ein halbes Pfund für jeden Esser.

Den Speck − soviel wie ein Hühnerei für jeden − schneide ich in dünne Scheiben, - zwei mittlere Zwiebeln halbiere ich und mache dünne Scheiben davon.

Nun lasse ich soviel Hartfett in der Pfanne aus, daß die Kartoffelscheiben allseitig hell gebräunt sind. Ständiges Rühren ist dafür unerläßlich. Dann kommen Speck und Zwiebeln hinzu bis diese glasig sind.

Mit einem Sieb entferne ich alles überflüssige Fett und fülle alles in die heiße Pfanne. Zuletzt füge ich den in Gabelbissen zerteilten Fisch hinzu.

Mit Vorsicht rühre ich, um ein Zerfallen des Fisches zu vermeiden. Ein Deckel auf der Pfanne verkürzt die Garzeit des Fisches. -

Dazu schmecken : Saure oder Salzgurken, rote Beete, Selleriesalat, jede art Krautsalat, Bohnensalate, - jedenfalls alles was sauer ist. Das ist auch nötig, damit die Hamburger Fischpfanne jederman bekömmlich bleibt. -

„Ein Jahr hat viele Tage, - nur noch mehr Mahlzeiten !"

Kott`n Kohl
Von Kalle Mittendorf

Wenn dat sünndogs in mien Öllernhuus Greunkohl geben harr, wär soveel dorvon kokt, dat för een oder twee Doog „Kott`n Kohl" dorbi öber wär.

Wenn wi ook twee Swien slacht harrn, wär dat jo nich so rieklich. Wi wärn mit de Großöllern söss Lüüd un dree Kinner an `n Disch. Von dat Ingeslachte müß man jo noch bit no den Harvst to utkommen. So wär de Swiensback un de Kohlwust an `n Sünndag denn ook meist all worden.

Fleesch gäv dat jo sowieso man bloß sünn- un fierdogs. Ober Greunkohl wär denn jümmer noch rieklich in `n Putt.

So weur denn Mondagmorgen ut dree Pund Ossenknooken mit `n grote Knull Sellerie un `n Stang Burree `n kloore Supp kookt. Schinken- un Specksworten kämen dor ook mit rin.

De Greunkohl von Sünndag, de Knull, de Sworten un de Burree ut de Supp müssen fien hackt oder dör de Wustmaschien dreiht warden. Dat wär denn de „Kotte Kohl".

Wenn denn noch Resten vun Swiensback oder Wust dorwären, weurn de lüttsneden un bisietstellt.

De „kotte Kohl" käm in de Supp. Dormit dat ook wat versleit, weur dat mit`n Handvull Hoberflocken all`ns nochmol dörkookt. Denn kämen de Fleesch- un Wustresten dorto.

Un wenn in de Pökeltunn` in `n Keller oder in de Räukerkomer op `n Böön noch rieklich wat von `t Slachen ut `t Vörjohr wär, käm dor noch `n beten wat dorto rin. Ober Großmudder hätt denn all

griesmult : „Na, is dat nich ´n beten riev. - Dat Johr is noch lang !"
un dorbi schul se no Vadder, - ehrn Söhn, - de sull ehr recht ge-
ben. –

„Keen weet, wat wi dat noch all belevt", sä he denn bloß, - un
denn wär se still. – Un Mudder sä, „Eet Jo man all scheun satt.
Morgen is ´n annern Dag".

Dat wär jo ook `n Supp to`n Satteeten. Wi all müchen se geern –
ook wenn dor so ´n Snackeree bi wär.

„Keen loter kümmt, - de kriggt Plöör !"

Kurzer Kohl

Von Karl-Ernst Mittendorf

Wenn es sonntags in meinem Elternhaus Grünkohl gegeben hatte, kochte meine Mutter soviel davon, daß es einen oder zwei Tage später noch „kurzen Kohl" geben konnte.

Wenn wir auch zwei Schweine geschlachtet hatten, war es ja nicht so reichlich. Wir waren mit den Großeltern sechs Erwachsene und drei Kinder am Tisch.. Es mußte von dem Eingeschlachteten bis zum Herbst gelebt werden. So war denn die Schweinebacke und die Kohlwurst am Sonntag fast alle geworden.

Fleisch gab es ohnehin nur sonn- und feiertags. Aber Grünkohl war dann immer noch reichlich im Topf.

So wurde denn am Montagmorgen aus drei Pfund Ochsenknochen mit einer großen Sellerieknolle und einer Stange Porree eine klare Suppe gekocht. Schinken- und Speckschwarten kamen da auch mit hinein.

Der Grünkohl von Sonntag, der Sellerie, die Schwarten und der Porree aus der Suppe waren feinzuhacken oder durch den Fleischwolf zu drehen. Das war dann der „Kurze Kohl".

Wenn dann noch Reste von der Schweinebacke oder der Kohlwurst da waren, wurden diese kleingeschnitten und bereit gestellt.

Der kurze Kohl kam dann in die Suppe. Damit das auch sättigt war mit einer entsprechenden Menge Haferflocken alles noch einmal durchgekocht. Dann kamen die Fleisch- und Wurstreste dazu.

Und wenn in der Pökeltonne im Keller oder in der Räucherkam-
mer auf den Boden noch reichlich vom vorjährigen Schlachten
war, kam noch etwas dazu hinein. Aber Großmutter hat dann ge-
nörgelt : „Na, - ist das nicht zu üppig. – Das Jahr ist noch lang !"
und dabei blinzelte sie beifallsheischend zu meinem Vater, ihrem
Sohn. –

„Wer weiß, was wir noch alles erleben" sagte er den bloß und
dann war sie still. – Und Mutter sagte bedeutungsvoll : „Eßt Euch
gut satt. Morgen ist ein anderer Tag".

Das war ja auch eine Suppe zum Sattessen. Wir mochten sie alle
recht gern – auch wenn dabei derartige Gespräche waren.

„Wer zu spät kommt, - bekommt nur dünne Suppe !"

Matjes mit Grote Bohnen
Von Anna-Maria Gölzer

Dütt Eten is hier an de Elv nich so in de Mod´ wesen. Ober dat is woll in letzten Weltkrieg mit een´ Suldoten oder sien Brut ut Mekelborg no hier herkommen, - un hett hier Fründ´ funn´.

Wenn Du veer Lüüd an ´n Disch hest denn bruukst Du :

Veer Pund frische grote Bohnen, - (oder Du findst ´n Loden Glös mit inweckte Bohnen, scheune lütte, - de hebbt nich so ´n hatte Huut) –.

Twee Bund Peterzill, - (ober nimm´ nich de mit de krusen Blööd, - nimm man de mit de glatten Blööd, de smeckt beter) –.

Twölf bit föfftein Matjesfilets - (ober de mußt Du preuft hebben. Wenn se to solt sünd, kanns Du se Wotern. –) un se dörft nich troonig smecken un nich to dreug sien. Un wenn de Fischhöker ook sabbelt, - hau aff un käup woanners) -.

Twee Pund fastkokende Kartüffeln.

Ut twee Schalotten, een Knuuf-Teun, twee Breuhwürfeln, Botter, Mehl, dreuges Bohnenkruut (beter is greunes)un Woter mokst Du eene nich to dicke Schüü för de Bohnen. Hierin de frisch gegokten Bohnen (oder de ut ´n Glas) tomindst ´n halbe Stünn´ trecken loten.

In de Tied sünd Dien Pellkartüffeln gor, in de Du ´n lütte Hand vull Köömsoot smeten hest. Dat nimmt de Kartüffel den Futtergesmack. –

Krieg' ers de Pellkartüffeln op den Disch un lot de Lüüd sick so-
veel affpelln as se mögt.

Denn bring de Kartüffelsluu von 'n Disch. Ook bi so 'n eenfach
Eten hölst Du op Eet-Kultur.

Wenn Du denn de mit Greunhökerkrom scheun bunt utstaffeerten
Matjes – tosomen mit de heeten Bohnen op 'n Disch kriggst – hest
Du gewunnen. –

Dorbi noch 'n Sluck ut 'n Buddel anbeden, un Du büst all ut 'n
Snieder. -

Un nich vergeten, - dat is een Fischgericht ! - - un Fisch wöllt
swemmen.

Also risches, helles Beer dorbi, - un dat nich so knapp !

Hier seggt mien Herbert denn to uns' Dischgäst :
        „Nimm hin kecker Vogel, - un schaneer Di nich !"

**„Grote Bohnen un Fisch bringt Knööv in de Arms,
Luft in den Buuk - un smeert di de Darms !"**

Matjes mit großen Bohnen
Von Anna-Maria Gölzer

Dieses Essen ist hier an der Elbe nicht so sehr der Trend gewesen. Aber es ist wohl nach dem letzten Weltkrieg mit einem Soldaten oder seiner Braut irgendwo von Mecklenburg hierhergekommen, - und hat hier Freunde gefunden.

Wenn Du vier Leute am Tisch hast, dann brauchst Du:

Vier Pfund frische große Bohnen, -
(oder Du findest beim Einkaufen Gläser mit eingeweckten Bohnen, - schön klein, dann ist die Haut nicht so hart)

Zwei Bund Petersilie (aber nicht die krause) Nimm die glatte, - sie hat mehr Geschmack.

Zwölf bis 15 Matjesfilets, -
(Du mußt sie vorher probieren. Wenn sie zu salzig sind, kannst Du sie wässern. Sie dürfen auch nicht tranig schmecken oder trocken sein. Wenn der Fischhändler auch redet, - kauf woanders !)

Zwei Pfund festkochende Kartoffeln.

Aus zwei Schalotten, einer Zehe Knoblauch, zwei Brühwürfeln, Butter, Mehl, Bohnenkraut (getrocknet) besser schmeckt grünes und Wasser machst Du eine nicht zu dicke Soße für die Bohnen. Hierin die mindestens eine halbe Stunde frisch gekochten Bohnen (oder die aus dem Glas) ziehen lassen.

In der Zeit sind auch Deine Pellkartoffeln gar, die Du mit einer Handvoll Kümmelkörnern und Salz aufsetzt hast. Der Kümmel nimmt den Kartoffeln den Futtergeschmack.

Stell zuerst die Pellkartoffeln auf den Tisch, damit sich jeder soviel abpellen kann als er mag.

Dann bring die Kartoffelpelle vom Tisch. Auch bei einem so einfachen Essen halte es mit der Eßkultur !

Dann stellst Du die mit Grünzeug schön bunt garnierten Matjes und mit den heißen Bohnen auf den Tisch, - und Du hast gewonnen !

Wenn Du dabei noch einen Schluck aus der Flasche anbietest, - bist Du aus dem Schneider !

Und nicht vergessen: Das ist ein Fischgericht ! Fische wollen schwimmen. –

Also frisches, helles Bier dazu, - und das bitte reichlich !

An dieser Stelle sagt mein Herbert dann zu unseren Tischgästen :
„Nimm hin kecker Vogel, - und halte Dich nicht zurück !"

Große Bohnen und Fische kräftigen die Arme, befördern die Winde – und begünstigen die Darmflora !

Bohnen, Beern´un Speck

von Heimke Koch

Wenn för de Hochdüütschen Isbeen, Suurkohl un Arfenmoos dat „Düütsche Reichsgericht" is, denn is dat för de Plattdüütschen Bohnen, Beern´ un Speck.

Op de Geest, in de Masch´, op jedes düütsche Eiland in de See, - wo de plattdüütsche Sprook ook to heurn is, - kommt ook Bohnen, Beern´ un Speck op den Disch. Hüt mit frische Breekbohnen, - freuher mit Snibbelbohnen, de in Solt inlegt genau so lang in ´n Winter rin to eten wärn, as de hatten, dreugen Kokbeern´, de jo bi ´t Koken op de Bohnen zuckerseut ward.

Bruken deist Du dorto :

Een Pund dörwussen Speck,
een Pund Kookbeern´,
twee Pund Breekbohnen,
   (wenn dor noch een Snibbelbohnen nehm´ deit, mutt he de ers
     düchdig wotern, anners ward dat ganze Eten to solt !)
een Pund Kartüffeln,
Bohnenkruut,   (nich toveel !)
´n beten Majoran
   (wenn de Speck all ´n beten hungen hett, - ´n beten mehr
     Majoran !)
un glatte Peterzill.

Un mooken deist Du dat so :

Kartüffeln för sick koken. Bohnen un Speck mit dat Bohnenkrut un den Majoran half gorkoken. Denn mit de Beern´ ganz gor koken.

Allns in een Schöttel op den Disch :

Ünnen de Bohnen, in de Mitt för jeden an ´n Disch dat Stück Speck, rundrüm de Beern´ un allns mit lütthackte Peterzill ö-berstrein.

Keen nu nich unvernünftig in den Speck rinhaut, de hett een defti-ges un gesunnes Eten !

„No Bohnen, Speck un Beer´n
ward sick jede Oors verfehr´n !"

Bohnen, Birnen und Speck

Von Heimke Koch

Wenn für die Hochdeutschen Eisbein, Sauerkraut und Erbsenpüree dat „Deutsche Reichsgericht" ist, dann ist es für den Plattdeutschen Bohnen, Birnen und Speck.

Auf der Geest, in der Marsch, auf jeder Insel in der See, - wo plattdeutsche Sprache zu hören ist, kommt Bohnen, Birnen und Speck auf den Tisch. Heute mit Brechbohnen, früher mit Schneidebohnen, die in Salz eingelegt den ganzen Winter über gegessen wurden, sowie die harten trocknen Kochbirnen.

Du brauchst dazu:

Ein Pfund durchwachsenen Speck,
ein Pfund Kochbirnen,
zwei Pfund Brechbohnen
        (wenn Du Schneidebohnen nehmen willst, mußt Du
         sie möglichst über Nacht wässern, da sonst das Es
         sen zu salzig wird).
Ein Pfund Kartoffeln.
Bohnenkraut (nicht so viel),
ein bißchen Majoran
        (wenn der Speck etwas länger gehangen hat – ein
         wenig mehr Majoran !)
und glatte Petersilie.

Und gemacht wird es so:

Die Kartoffeln getrennt kochen.
Bohnen und Speck mit Bohnenkraut und Majoran halb gar kochen, dann die Birnen darauf legen und ganz gar kochen.

Alles in einer Schüssel auf den Tisch:

Unten die Bohnen, in die Mitte für jeden ein Stück Speck, rund-
herum die Birnen und alles mit gehackter Petersilie überstreuen. –

Wer nun nicht unvernünftig viel Speck ißt, der hat ein deftiges
und gesundes Essen !

**„Bohnen, Speck und Birnen bewirken
eine unerwartete Verdauung !"**

Finkwarder Speckschullen
Von Liesel Holst

Lütt mööt se sien, wenn dat feine Finkwarder Speckschullen war-
den söllt, de groten sünd woll weniger Puulkrom op 'n Töller,
ober se smeckt jo lang nich so good as de Lütten. –

Twee bit dree Schullen brukst Du för jeden Dischgast, - un frisch
mööt se sein. Am besten direkt von 'n Kutter. Un de mutt deep in
't Woter liggen, wenn Du langssiet geihst. Wenn de Kutter wiet ut
'n Woter kickt, krigst Du de Fisch, de he toerst op siene Reis fun-
gen hett. De sünd allemol noch to eten, - man de bobenop sünd
frischer. –

Wenn Du se sauber hest, müßt Du noch de Flossen affsnieden.
Ober 'n beten genau, wat Du nohstens bi 't pulen de lütten Groden
fein von de Huut aff krigst. –

Denn mööt se mit Kökenpapier scheun affdreugt warden. Anners
ward de Pannod so dick as 'n Pankokendeeg un de Schollen wöllt
denn partu nich kross warden.

De Pannod mookst Du ut veer Deelen Mehl un een Deel Solt.
Peper kanns dor ook noch andoon, ober de paßt beter an 'n Solot,
anners smeckst Du de Schullen nich so as se sünd. –

De Speck to 'n broden sull woll mehr dörchwussen sien, weil
denn de Rook beter ruttosmecken is. Dat bringt ober nich genog
Fett to 'n broden, so kans' Du fetten Speck dortonehm'. Beter is
wenn Du Kokosfett oder sowat nümmst, wegen de Gesundheit.
Un dat mookt sick ook beter, wenn 'n dor denn öber snackt.

De utgebroden Speckgreben nimmt man ut de Pann', stellt se
bisiet un givt se amend öber de heten Schullen. Dat se kross ward

liggt so ´n beten an de Pann´ un doran, dat dat Fett scheun hitt is. Wenn se bruun ward, sünd se gor. Wenn de Hitt richdig wär, sünd se denn kross un saftig. –

An Kartüffelsolot givt dat woll dusend Orten. Wegen den Speck von dat Broden paßt hier woll Specksolot nich so god. Ober Kartüffelsolot ut Majonäs mit Joghurt verlängert is jo ook beter vör de Gesundheit. –

Oder to Maischullen so ´n Sommersolot mit wenig Kartüffel, Appel-Essig, Sünnenblomeneul, ober as Hauptsook Radies, Rettich, Gurken, Tomoten un so ´n Oort Sooken, - un dat mit dat Greune von Knullen, Dill, Schnittlauch un glatten Peterzill anmokt. –

Dat sünd Steernstünn för een Fischeter. Sünnerlich wenn he dorto noch een Hamborger Beer rinslappen kann.

Fisch wöllt jo ook swemmen ! -

„De Gast is as ´n Fisch, - he blivt nich lang´ frisch !"

Speckschollen nach Finkenwerder Art

Von Liesel Holst

Klein sollten sie sein, wenn es feine Finkenwerder Speckschollen werden sollen, die großen sind wohl leichter auf dem Teller zurechtzumachen, - aber sie schmecken ja
lange nicht so gut wie die kleinen.

Zwei bis drei Schollen braucht man für jeden Tischgast, - und frisch müssen sie sein. Am besten direkt vom Kutter - und der muß tief im Wasser liegen, wenn Du zum Schollenkaufen an ihn herantrittst. Die Erklärung ist einfach: Wenn der Kutter hoch im Wasser liegt, ist er schon fast leer. Dann bekommt man die Schollen, die auf der Reise zuerst gefangen wurden. Die sind auch gut, - aber die letzten obenauf sind natürlich die frischesten !

Die Schollen werden ausgenommen, gewaschen und die Flossen ordentlich und genau abgeschnitten. Dann hat man es nachher beim Pulen leichter.

Sie werden mit Küchenpapier abgetrocknet. Die Panade wird dann nicht so dick als ein Brandteig und die Schollen werden krosser.

Die Panade macht man aus vier Teilen Mehl und einem Teil Salz. Pfeffer sollte man nicht an die Schollenpanade geben. Er nimmt der Scholle ihren eigenen Geschmack. –

Der Speck sollte etwas durchwachsen sein, weil dann der Rauch besser herauszuschmecken ist. Ein Teil fetter Speck sollte dabeisein, da sonst nicht genug Fett zum Braten in der Pfanne ist. Wegen der Gesundheit sollte man lieber etwas Kokosfett oder Ähnliches nehmen. (Es macht sich auch besser, wenn man dann davon erzählt !)

Die ausgebratenen Grieben nimmt man aus der Pfanne, stellt sie beiseite und gibt sie zuletzt über die heißgebratenen Schollen. Daß diese schön kross werden, liegt am heißen Fett und nicht zuletzt an der richtigen Pfanne ! Wenn sie bräunen, sind sie gar. Wenn die Hitze richtig war, sind sie kross und saftig. -

Kartoffelsalat kann man auf die verschiedenste Art machen. Specksalat wäre wegen der Speckschollen nicht so passend. Zu Maischollen schmeckt ein Sommersalat mit wenig Kartoffeln Apfelessig, Sonnenblumenöl und – als Hauptsache - Tomaten, Gurken, Radieschen, Schittlauch und Petersilie.

Das sind die Sternstunden für jeden Schollenesser, besonders wenn daneben ein gutes Hamburger Bier steht. - -

Fische wollen doch auch schwimmen ! -

„Ein Gast ist wie ein Fisch, - er bleibt nicht lange frisch !"

Greune un witte Bohnen
Von Erika Meins

De grote Kruk stünn in 'n Keller gliek neben de Trepp. Dorbinn' wärn in 'n witten Linnbütel de greunen Sniebohnen. De wärn dor mit Solt fast instampt, bobenop wär 'n Holttöller un dorop leg 'n swörn Feldsteen. Dor stünn se keuhl un mit dat veele Solt hebbt se bit anner Freuhjohr hinreckt.

De dreugen, witten Pohlbohnen hüngen in een olen Küssenbezug an een Nogel an 'n Dacksporen op 'n Böön. So kämen de Müüs dor nich ran.

För söss Lüüd an 'n Disch bruukst Du :

Fief – söss Hann' vull Sniebohnen,
'n godes dreevettel Pund witte Bohnen,
twee – dree Pund Ossenbeen, wenn de groten Talgstücken affsneden sünd.

Un mookt ward dat so :

De greunen Bohnen mööt wuschen warden un mit klor Woter een Nacht stohn.

De witten Bohnen ward öber Nacht in so bi dree Liter Woter inweekt.

Annern Morgen mööt de greunen Bohnen good wuschen un preuft warden, wo solt se noch sünd.

Dorno weeßt Du erst, woveel Solt Du noch in dat Fleesch von dat Ossenbeen inrieben mußt.

Denk dor an, dat de witten Bohnen recht nüchtern sünd. 'N beten achtsom mit dat Solt ümgohn, nosolten kanns jümmers noch.

Allns ward mit Woter op 't Füür sett' un twee Stünn sachen kokt.

Wenn de Pohlbohnen dat nich all rieklich andickt hebbt, kanns jo noch mit Mehl 'n beten nodicken. Dorto mußt Du dat Fleesch ober för de Tied rutnehm, anners klütert dat Mehl as Backsklüten an dat Fleesch.

Dat Fleesch stell man blangenbi op een heeten Töller op 'n Disch. Denn kann sick jeder affsnieden - fett oder moger, so as he dat mag.

Dorto givt dat Solt- oder Pellkartüffeln.

„Bi Eten un Drinken kanns' old warden !"

Grüne und weiße Bohnen

Von Erika Meins

Der große Tonkrug stand im Keller gleich neben der Treppe. Darin waren in einem weißen Leinenbeutel die grünen Schneidebohnen. Die waren dort mit Salz fest eingestampft, darüber war ein Holzteller gelegt und darauf lag ein schwerer Feldstein. Dort standen sie kühl und mit dem Salzgehalt reichten sie bis zum kommenden Frühling hin.

Die trockenen, weißen Pahlbohnen hingen in einem alten Kissenbezug an einem Nagel an einem Dachsparren auf dem Boden. So konnten die Mäuse da nicht heran.

Für sechs Tischgäste benötigen Sie :

5 – 6 Hände voll Schneidebohnen,
400 gr weiße Bohnen,
1 – 1½ kg Ochsenbeinfleisch, wenn die großen Fettteile entfernt sind.

Und zubereitet wird es so :

Die grünen Bohnen müssen gewaschen werden und in frischem Wasser eine Nacht stehen.

Die weißen Bohnen werden über Nacht in etwa 3 Liter Wasser eingeweicht.

Am anderen Morgen müssen die grünen Bohnen gut gewaschen und der Salzgehalt geprüft werden. Danach erst wissen Sie, wieviel Salz noch in das Ochsenbeinfleisch eingerieben werden muß.

Denken Sie auch daran, daß die weißen Bohnen recht nüchtern sind. Vorsichtig mit dem Salz umgehen, nachsalzen können Sie immer noch.

Alles wird mit Wasser aufgesetzt und 2 Stunden geköchelt.

Wenn die Pahlbohnen keine ausreichende Bindung der Flüssigkeit erbracht haben, können Sie mit Mehl etwas nachdicken. Es ist empfohlen, dafür das Fleisch herausnehmen und beiseite warmzustellen, um am Fleisch haftende Mehlklümpchen zu vermeiden.

Das Fleisch sollte auf einem heißen Teller gesondert serviert werden. Dann kann sich jeder fett oder mager abschneiden, so wie er es mag.

Dazu gibt es Salz oder Pellkartoffeln.

„Mit Essen und Trinken ist das Altwerden möglich !"

Speckendicken
Von Rosemarie Springer

De Sylvesterfier kummt so gewiß as Wiehnachen kommen is. Wat Du nu 'n Fier anseggt hest oder nich. Nohborslüüd, Verwandte oder Frünn' wöllt bloß mol eben rinkieken un Prost Neejohr seggen. Se bringt meisttieds wat to 'n Drinken mit, - un denn sitt' se as wenn se anwussen weern. Un Du büst jo nich unfründlich un Du drinks' ook noch düchdig mit, - un mit jeden wat anners. - Denn is de erste Dag in dat Nee'e Johr all affhookt, wenn Du nich 'n deftige Kost as Ünnerloog nommen hest. För sowat givt dat an 'n Oljohrsobend Speckendicken. Dat helpt ober man bloß, wenn Dien Mogen ansünsten op de Reeg un gesund is.

Dat bruukst Du dorför :
Dree Deele Weetenschrot,
een Deel fines Gassenmehl,
een Deel Rongenmehl,
een Deel geelen Zucker,
een Deel Sirup oder Honnig,
twee Deele Appelmoos,
een Deel Griebensmolt,
twee Deele fetten Speck,
een Deel dreuge Mettwust (dat kann ook 'n mogere Salami sein),
Solt, Anis un Woter.

(Wat de tweete Fro von mien öllsten Broder is, de nimmt Wien un keen Woter. Se seggt : „Dat smeckt man rut." - Wat Minschen sick so inbilden könnt !-)

So, - un nu bind' de Schött üm un fang' an :
Speck un Mettwust in lütte Stücken snieden, je lütter - je beter. Ers den Honnig un den Zucker dor ünner reuhrn. Nu all dat Mehlige un soveel Woter to geben, dat dor 'n stampendicken Deeg

von ward. De ward nu mit Solt un Anis affsmeckt un tomindst een Stünn stohn loten. He kann ook all 'n Dag vörher trecht sien, wenn he denn man recht keuhl steiht, bit dat Backen losgeiht.

In de Tied reuhrst Du dat Appelmoos in dat heete Griebensmolt rin. -

Nu kummst Du mit dat Waffeliesen. Du muß' woll all rechtiedig mit Backen anfangen, anners kriegt se Di in de Kniep. –

Wenn Du keen Waffeliesen to Hand hest, kanns den Deeg ook scheun dünn utrulln un in de Pann broden.

Wenn Du veel Lüüd an 'n Disch hest, kanns' ook 'n poor Backblicken mehlen un den Deeg ook scheun dünn utrullt dor op torecht backen.

Man nich to lang', anners ward Dien Speckendicken so hatt as Schosterledder un wenn Di dat malleurt is, denn man glieks dat Appelsmolt dorop. Denn ward dat wedder week.

Wat mien Großvadder wär, de hett dorto jümmers Arrak – Grog drunken. As Lüttdeern kunn ick mi door nix ut vernehm'. - Ober nu kunn ick dat woll mögen, - de Smack von den Anis mit den Arrak, - ick finn', dat hett wat. - Man dat bekummt mi nich. –

„Is de Köm ers in 't Halslock,
      - is de Verstand in 'n Mors !"

Speckdicklinge

Von Rosemarie Springer

Die Sylvesterfeier kommt so gewiß wie auch Weihnachten kam. Ob Du nun einlädst oder nicht. Nachbarsleute Verwandte oder Freunde wollen nur mal eben reingucken und ein frohes, neues Jahr wünschen. Sie bringen meist etwas zu trinken mit, - und denn sitzen sie, als wären sie angewachsen. Und Du bist freundlich und trinkst auch noch tüchtig mit. - Mit jedem etwas anderes. - Denn ist der erste Tag des neuen Jahres schon abgehakt, wenn Du nicht eine kräftige Kost als Unterlage hattest. Für so etwas gibt es am Sylvesterabend Speckdicklinge. Das hilft jedoch nur, wenn Dein Magen ansonst widerstandsfähig und gesund ist.

Das benötigst Du dafür :

3 Teile Weizenschrot,
1 Teil feines Gerstenmehl,
1 Teil Roggenmehl,
1 Teil gelben Zucker,
1 Teil Sirup oder Honig,
2 Teile Apfelmus,
1 Teil Griebenschmalz,
2 Teile fetten Speck,
1 Teil trockene Mettwurst, (es kann auch eine magere Salami sein)
Salz, Anis und Wasser.
(Was die zweite Frau von meinem ältesten Bruder ist, die nimmt Wein statt Wasser und behauptet, daß man das herausschmeckt ! – Was Menschen sich so einbilden können !)

So, - und nun binde die Schürze um und fange an :

Speck und Mettwurst in kleine Stücke schneiden, je kleiner – je besser. Zunächst den Honig und den Zucker darunter ziehen. Nun alles Mehlige mit soviel Wasser, daß es ein recht steifer Teig

wird. Der wird nun mit Salz und Anis abgeschmeckt und soll mindestens eine Stunde ruhen. Er kann auch schon am Vortag hergerichtet werden, wenn er nur bis zum Backen recht kühl steht. In dieser Vorbereitungszeit kannst Du das Apfelmus in das heiße Griebenschmalz einrühren. –
Nun kommst Du mit dem Waffeleisen. Du mußt wohl rechtzeitig beginnen um nicht in Zeitnot zu geraten.
Wenn Du kein Waffeleisen zur Hand hast, kannst Du auch den Teig ausrollen und in der Pfanne braten.
Bei vielen Tischgästen kannst Du auch Backbleche mehlen und den gut ausgerollten Teig darauf backen. Nur nicht zu lange, andernfalls werden Deine Speckdicklinge so hart wie Schusterleder. Wenn Dir das passieren sollte, dann frühzeitig mit dem Apfelschmalz versehen. Dann wird es wieder weich. –
Mein Großvater trank dazu Arrak-Grog. Als junges Mädchen konnte ich das nicht verstehen. Aber nun könnte ich das mögen, der Geschmack von dem Anis mit dem Arrak, - ich finde das hat was. Nur es bekommt mir nicht.-

„Ist der Alkohol erst im Schlund, -

ist der Verstand im Hintern !"

Isbeen mit Suurkohl un Arfenpüree
Von Wilma Möller

Dat is den Hamborger sien Liefgericht, - sünnerlich in de kolde Johrstied.

As wi noch 'n Kaiser harrn, hebbt de Hochdüütschen dorto seggt, dat is dat

„Deutsche Reichsgericht".

In Bayern heet dat „Haxen mit Kraut", - un de haut sick denn dor 'n poor Liter von jümmer Dünnbeer to rin. - Na, - jeder so as he mag un kann. –

To een Isbeen-Eten för veer Lüüd keup ick :

Twee scheune, gepökelte Schinken-Isbeen,
dree Pund feinen Suurkohl,
twee saftige Appel,
een Pund schällte, greune un geele Arfen,
'n halves Pund dörchwussen Speck,
 Solt, Appelessig, Zucker un Muster sünd woll noch in 't Köken-schapp.

un koken do ick dat so :

De Isbeen loot ick twee Stünn' kooken. Mit 'n beten von de Isbeensupp füll ick den Suurkohl op un lot em mit de Appel – de nu in Schieben sneden sünd - 'n lütte Stünn prütteln. Gegen End' smeck ick den Kohl mit Zucker, Solt un Appelessig aff. De Suur-kohl mutt to dat fette Fleesch 'n beten struff-suur, ober ook 'n beten leevlich smecken. Hier kummt dat op de fine Tung'n von de Köksch an. –

De Arfen kook ick mit 'n beten von „Maggi's gekörnter Brühe" gor. Denn mööt de dörch een fines Siff reuhrt warden.

De Speck ward in Würfeln sneden, kross utbrod' un öber dat Püree geben.

'N poor fastkookende Soltkartüffel mööt mit op den Disch, anners will dat Fette von dat
Isbeen nich recht dörch de Kehl. -

Dorto geheurt denn ook noch 'n poor Klore as „Verdeeler" un achterno as „Affsacker".

„De Minsch kummt nich as Freter op de Welt, -
mit so 'n Eeten ward he dorto mookt !"

Eisbein mit Sauerkohl und Erbsenpüree

Von Wilma Möller

Das ist des Hamburgers Leibgericht, besonders in der kalten Jahreszeit.

Zu Kaisers Zeiten nannte man dieses Gericht in Deutschen Landen das
„Deutsche Reichsgericht".

In Bayern heißt es „Haxen mit Kraut" und wird mit Unmengen ihres dünnen Bieres verzehrt. Na, - jedem das Seine. –

Zu einem Eisbein-Essen für vier Personen kaufe ich ein . . . . . .

Zwei gut gepökelte Schinken-Eisbeine,
drei Pfund guten Sauerkohl,
zwei saftige Äpfel,
ein Pfund geschälte, grüne und gelbe Erbsen,
ein halbes Pfund durchwachsenen Speck,
Salz, Apfelessig, Zucker und Senf gehören je zum Bestand der Küche.

. . . . und das koche ich so :

Das Eisbein lasse ich zwei Stunden kochen. Mit etwas Eisbeinsuppe fülle ich den Sauerkohl auf und lasse ihn nun mit dem Apfel – welcher jetzt in Scheiben geschnitten ist – etwas weniger als eine Stunde köcheln. Zum Ende schmecke ich den Kohl mit Zucker, Salz und Apfelessig ab. Der Sauerkohl muß zu dem fetten Fleisch ein wenig trocken-sauer, aber auch ein wenig lieblich schmecken. Hier ist die feine Zunge der Köchin gefragt. –

Die Erbsen gare ich mit ein wenig von „Maggis gekörnter Brühe". Dann müssen diese durch ein feines Sieb gerührt werden.

Der Speck wird gewürfelt und kross ausgebraten über das Püree gegeben.

Einige festkochende Salzkartoffeln müssen mit auf den Tisch, damit das Fette des Eisbeins dem Magen angenehm zugerführt werden kann.

Dazu gehören denn auch noch ein paar Klare als „Verteiler" und hinterher als „Absacker".-

„Der Mensch kommt nicht als unmäßiger Esser auf die Welt, - durch solche Speisen wird er dazu gemacht !"

Heben un Eer

Von Hein Hamborg, -
de mit richdigen Noom´ Herbert Schlatermund heet. –

Dütt „Heben un Eer" heurt sick ehr no ´wat Filosofisches an. Is
ober ´n Rezept von dat, wat man dorto eten kann. - Un dat kann
gebrode Lebber, -
Grüttwust ut de Pann´, -
angebrode Schieben von Blootwust, -
Lebberkäs -
oder Falschen Hosen sien.

Bruken deit man för veer Lüüd :

Veer lütte Appeln,
ebensoveel Kartüffeln,
´n half Pund Speck,
twee Zibbeln,
eenen Teelepel affrebene Zitronenschäll,
Peper un Solt.

Mookt ward dat so :

De Kartüffeln un de Appeln ward kokt, to Mos stampt, un de
Zitronenschäll ward rinreuhrt.
Den Speck in de Pann´ utloten un de Zibbeln dorin god glosig, -
meist hellbruun broden.
Nu dat Mos ut Appel un Kartüffel dor ünner reuhren.
Wat Du nu noch an Peper un Solt bruukst, mußt Du mit dat, wat
dat dorto givt, so ´n beten genau affsmecken. - Anners kriggst
Du nich den Heben op de Eer, ehr eenen op ´n Deckel. -

Himmel und Erde

Von Hein Hamburg, -
der eigentlich Herbert Schlatermund heißt. –

Dieses Himmel und Erde hört sich eher nach etwas Philosophischem an.
Es ist aber ein Rezept für das, was man dazu essen kann, -
und das kann gebratene Leber, -
Grützwurst aus der Pfanne, -
angebratene Scheiben Blutwurst, -
Leberkäse -
oder Falscher Hase sein.

Man benötigt für etwa vier Personen :

Vier Äpfel,
die gleiche Menge Kartoffeln,
ein halbes Pfund Speck,
zwei Zwiebeln,
einen Teelöffel abgeriebene Zitronenschale,
Pfeffer und Salz.

Zubereitet wird es so :

Die Kartoffeln und die Äpfel werden gekocht, zu Mus gestampft
und es wird die Zitronenschale hineingerührt.
Den Speck in der Pfanne auslassen und die Zwiebeln darin glasig,
- fast hellbraun braten.
Nun das Mus aus Äpfeln und Kartoffeln hineinrühren.
Was Du an Pfeffer und Salz benötigst, mußt Du mit dem, was es
dazu gibt, ein bißchen genau abstimmen. - Andernfalls hast Du
nicht den Himmel auf Erden sondern Gemecker.

Linsensupp'
Von Erni Stoll

Dütt mutt inköfft warden :
Dreeveddel Pund Linsen,
een Pund Rüppen von 't Swien,
annerthalf Pund Kantüffeln,
een Bund Suppenkrut,
'n beten Solt un
tweeunhalf Liter Woter,

Un so ward kookt :
De Linsen utseuken, waschen un eenen Dag in dat Woter inweeken.
De Rüppen affwaschen, dorto geben un bi gode Hitt to 'n Kooken bringen.
Nu sachen wiederkooken loten bit de Linsen meist week sünd.
Denn de lüttgesnedenen Kantüffeln, dat reinefierte Suppenkrut - ok lüttsneden – un 'n beten Solt rin doon.
Allns wedder gau to 'n Kooken bringen un sachen to end kooken.
Dat Fleesch alleen geben oder ook lüttsnieden un in de Supp doon.
För dat Kooken brukst meist eene Stünn.
'N anner Ort un Wies is – wi Du dat wullt – de Supp seutsuur mit Essig un Zucker affsmecken, ober ook inweekte, dreuge Plumm' mit de Kantüffeln in de Supp doon.

Jedereen mag dat woll anners !

Linsensuppe
Von Erni Stoll

Dieses ist einzukaufen :
3 – 400 gr Linsen
500 gr Schweinerippen
500 – 750 gr Kartoffeln
1 Bund Suppengrün
Etwas Salz
2,5 l Wasser

Und so wird zubereitet :
Die verlesenen, gewaschenen Linsen 12 – 24 Std in dem Wasser einweichen.
Mit dem Einweichwasser und den gewaschenen Schweinerippchen bei starker Hitze zum kochen bringen.
Sie bei schwacher Hitze fast weich kochen lassen.
Dann die geschälten, kleingeschnittenen Kartoffeln, das gewaschenene klein geschnittene Suppengrün und etwas Salz hineingeben.
Alles wieder zum Kochen bringen und bei schwacher Hitze gar werden lassen.
Das Fleisch für sich reichen oder kleingeschnitten in die Suppe geben.
Kochzeit etwa 1 Stunde.
Veränderung : Die Suppe nach Belieben mit Essig und Zucker abschmecken.
Aber man kann auch eingeweichte, getrocknete Pflaumen mit den Kartoffeln in die Suppe geben.

Jeder Geschmack ist wohl anders !

Brodkartüffel

Von Ilse Wendt

1963 wären wi in Frankfurt to een Geschäftseeten inloodt'. De Lüüd door hebbt för uns Brodkartüffeln moken loten, wiel dat wi Hamborger sünd. Hier heff ick ers markt, dat Brodkartüffeln 'n Hamborger Eegenort is. –

Ers bi dat utwärtige Eeten bün ick wies worden, dat wi hier to huus doch alle näslang Brodkartüffeln op 'n Disch hebbt.

In mien Öllernhus käm de grote Iesenpann' op den Disch. Töllers worn nich hinstellt.

Meist wär wat von 'n Vördag nobleben, so wat wie Fleesch, Fisch, Kohl, Greuntüüg un Mehlklüten. Denn gäv dat Brodkartüffeln. – De Resten wärn lüttsnibbelt un ünner de Brodkartüffeln reuhrt, wenn de gor wären.

Oder dat gäv an jede Stell', wo een an de Pann' sitten dä, för jeden so 'n lütt Nest in de Brodkartüffeln - wo twee Spiegeleier in wärn.

Brodkartüffeln as Middageeten mit Brodwust, Frikadellen, Büffsteek, Schosterkabonoden ut de tweete Pann'. Oder wat Suurs dorto : Bismarkhering, Rullmops, Suurfleesch, Wustsoloot oder greunen Solot in Boddermelk. -

Mi kommt ook de mogern Tieden in 'n Sinn, as mien Öllern uns Kinner in de grote Pann' de fetten Happen toschoben hebbt. Denn hett dat heten : „Dat Ji wat in de Knoken kriegt." Un dat, wat se sülvst männichmol nich satt worden sünd. –

Worüm eet' de Hamborger nu so geern Brodkartüffeln ? Mi hett mol een' vetellt, wenn de Swiegermüddersen to Beseuk kommt, kriegt se jümmer so veel Kartüffel to 'n schällen, dat se narms jümmer Nees in Schapp un Schuufen steeken könnt. – Na wenn 't denn nich wohr is, is 't logen. -

Ober ook woll wegen all de Oorten wie man Kartüffel broden kann, un dat geiht jo ook allns ganz fix.

Broden kanns´ Kartüffeln ut . . . .

1. Soltkartüffeln, wenn se schellt, kookt un lüttsneden sünd,

2. Kartüffeln, de nich affschellt kookt, ober denn affpellt un lütts- neden sünd,

3. Kartüffeln, wenn se schällt, lüttsneden un roh brod sünd,

4. Kartüffeln, wenn se schellt un dörchdreiht brod sünd, (denn heet se Röstis)

5. Kartüffeln, wenn se schällt, fienreeben - mit Ei an - to lütte Kartüffelpuffer brod sünd.

Brod´ ward se mit fetten un dörchwussen Speck, hattes Planten- fett, Oil un ook mit Bottersmolt.
De Pann´ bruukt veel Hitt, dormit de Brodkartüffeln krosch, un nich bloß hellbruun ward.
Bi mien Mudder wärn Brodkartüffeln denn gor, wenn een Drüttel dorvon richdig bruun un krosch wär. -
Dat Fett, wo de Kartüffeln in swemmt kanns´ affgeten. Beter is dat, de Brodkartüffeln ut de Pann in een Siff to schütten, wat ook de Hitt affkann. Denn dat Siff öber eenen Putt ´n poor Minuten op de Füürsteed stellen, dormit dat dünne Fett noch rutloopen kann. (Dat is för de, de dor an gläuvt, dat weniger Cholesterin good deit.-)
Brotkartüffeln mööt heet op ´n Disch !
Dat wär doch fein bi uns Öllern mit de heete Pann´ in de Mitt´ op den Disch, -
Un gemütlich wär dat dormit an ´n Disch ook. - -

Bratkartoffeln

Von Ilse Wendt

1963 waren wir in Frankfurt zu einem Geschäftsessen eingeladen. – Unser Gastgeber ließ uns wissen, daß unseretwegen Bratkartoffeln angerichtet worden waren. Hier erkannte ich erst, daß Bratkartoffeln eine typisch Hamburger Eß-Eigenart ist. –
Erst nach Kenntnis auswärtiger Speisegewohnheit kam mir die hiesige Bratkartoffelhäufigkeit zum Bewußtsein.
In meinem Elternhaus kam die große Eisenpfanne auf den Tisch. – Teller wurden nicht hingestellt. - Oft waren Vortagsreste, wie Fleisch, Fisch, Kohl, Gemüse und kleingeschnittene Mehlklößen der Anlaß für diese Aufbereitung. Wenn die Bratkartoffeln gar waren, wurden die Vortagsreste zum aufwärmen einfach darunter gerührt.
Oder aber an jedem Platz ein Nest in der großen Pfanne mit zwei Spiegeleiern.
Bratkattoffeln.als **Hauptgericht** mit Bratwürsten, Frikadellen, Steaks, Schuster-Karbonaden oder sauer : Bismarkhering, Rollmops, Sauerfleisch, Wurstsalat oder grüner Salat in Buttelmilch.
Erinnerlich ist mir aus mageren Zeiten, daß meine Eltern uns Kindern in der großen Pfanne die kalorienstarken Happen zuschoben. Dann hieß es : „Dormit Ji wat in de Knoken kriegt." Und das, - obwohl sie selbst oft nicht satt sein konnten. –
Was brachte die Bratkartoffeln hier nun zu einer solchen Beliebtheit ? Weil man so Schwiegermütter durch ständiges Kartoffelschälen davon abhielt, Schränke und Schubladen zu kontrollieren.- Na, wohl eine etwas gewagte Erklärung. -

Sicher auch die Vielfalt der Zubereitung, die schnelle und einfache Herstellung, die vielseitige Verwendbarkeit der Bratkartoffeln aus . . .

1. geschälten, gekochten und kleingeschnittenen Salz-K .
2. ungeschälten; gekochten und kleingeschnittenen Pell.-K.
3. geschälten, rohen, gekochten und kleingeschnittenen Kartoffeln (Rohgebratene)
4. geschälten, gekochten und durchgedrehten Kartoffeln (Rösti)
5. Geschälten und geriebenen Kartoffeln (Kartoffelpuffer)

Gebraten mit fettem bzw. durchwachsenem Speck - pflanzlichem Hartfett – Butterschmalz.

Die Pfanne benötigt viel Hitze, damit die Bratkartoffeln recht kross und nicht bloß hellbraun werden.

Bei meiner Mutter galten Bratkartoffeln dann als gar, wenn ein Drittel davon richtig braun und kross waren.

Das freie, flüssige Fett ist tunlichst abzugießen. Besser noch ist es, den Pfanneninhalt in ein hitzefestes Sieb schütten und einige Minuten in einem heißen Topf auf die Bratstelle stellen, damit das Fett noch einmal dünnflüssig austritt. (Für Cholesterin – Bewußte !)

Bratkartoffeln müssen heiß serviert werden.

Auch deshalb war es eine gute Sitte bei unseren Eltern, die heiße Pfanne auf den Tisch zu stellen.

Und gesellig war es dadurch am Tisch auch. - -

Goosbrooden mit seuten Buuk
Von Rosemarie Springer

Dütt is een Festdagseten wenn Beseuk kummt un Du acht oder gor tein Lüüd an 'n Disch hest. Süht no veel Arbeit ut. Is dat ober gornich, wenn Du man Lust dorto hest. –

Du bruukst för dat Eten :
Een Goos von tein - twölf Pund, - dree Pund Prinzappeln oder Backobst, - een halbes Pund Rosinen, - een' Buddel dreugen Wittwien, - een Bund Suppenkrut, - twee ole Rundstück oder Paneermehl, - dree Lepel Fleeschsuppenpulber, - Zucker, Solt un Peper.

Du bruukst in de Köök :
'n groten Backoben mit gode Hitt von alle Siden, - 'n grote Backpann' un eene Sattlernodel mit Tweern. -

Un so mokst Du dat denn :
An 'n Obend vörher dat Obst un de Rosin' no dat Waschen in den Wien inweeken un wenn de Goos infroren is, legst Du se rut, wat se an 'n annern Morgen opdaut is. Denn snittst Du de Flünken, den Hals un alle Fettlappens - an de Du rankommen kanns - aff; nimms' Mogen, Hart un Lebber dorto, deist dat Suppenkrut, dat Fleeschsuppenpulber, Peper, den Wien von dat Obst un Woter dorto - so dat dat blangenbi so sachen inprütteln kann.
Wenn Du de Goos wuschen hest, sengels' nochmol de Dunen aff, wascht se nochmol un stricks' ehr von buten un binnen mit Solt un Peper in. Du reuhrst dat Obst mit dree Lepel Zucker, de gerebenen Rundstück un mit soveel Paneermehl an, dat dütt as stieben Deeg in de Goos rinkummt. Nu neihst Du alle Löcker an de Goos

dicht, - un rin mit ehr in den Oben, den Du mit öber 220° heet mookt hest. No 'n Veddelstünn' dreihs' ehr all mol üm - un no noch mol 'n Veddelstünn' stells' de Hitt op 170°. No 'n dree un eene halbe Stünn is de Goos gor.

Scheun bruun ward se, wenn Du de klore Supp' - nich dat Fett — alle tein Minuten öber de Goos lopen lets. –

Wenn Dien Lüüd Goos-Smolt mögt, nimms' Du dat Fett von de Goos un von de Supp jümmers wedder aff un krigst dat in een' Putt. Vörher deist Du in den Putt 'n vettel Pund Kokosfett, twee Appelschieben, een Lepel frischen, greunen Peper, 'n gode Hand full Röst-Zibbeln un 'n halben Knuuf-Tohn. Allns so 'n beten mitprütteln loten, jümmers mol ümreuhren, denn dörch een Dook dörchseihen un in 'n Kruk kolt warden loten.-

De Brodenfong is nu woll recht solt un deftig. Hier is nu mit Wien, Zitroon', suren Rohm un Sämigmoker 'n feine Schüh to-recht to reuhren. De mutt amend noch eenmol opkoken.

Dorto givt dat lichte Mehl-Klüten oder Soltkartüffeln. As Bilog is roden Kohl, ober ook Rosenkohl in de Masch un op de Geest be-kannt.

Dat dorto 'n scheunen Lübecker Rotspoon denn so 'n Dag to 'n Festdag mookt, ward mi de Lust-Eters woll togeben. Mi öber-kummt dat denn so. –

„Een Goos in de Woch sett' nich an, -
man twee Gäus' slogt doch an !"

Bratgans mit Obstfüllung
Von Rosemarie Springer

Dieses ist ein Festessen für acht bis zehn Tischgäste. Es sieht nach viel Arbeit aus. Ist es aber nicht, wenn man Lust dazu hat.

Für das Essen werden benötigt :
Eine Gans von 5 bis 6 Kilo, - 1,5 Kilo Prinzäpfel oder Bachobst, - ¼ Kilo Rosinen, -1Fl. trockenen Wein, - 1 Bund Suppenkraut, - 2 alte Brötchen oder entsprechend Paniermehl, - 3 Löffel Rinds-Suppenextrakt, - Zucker Salz und Pfeffer.

Für die Küche werden benötigt :
1 großen Backofen mit allseitiger Heizung, 1 große Backpfanne und 1 Sattlernadel mit Zwirn. –

Und so machst Du es denn :
Am Vorabend Obst und Rosinen nach dem Waschen in Wein einweichen. Eine Gefriergans ist aus dem Froster zu nehmen, damit sie am folgenden Morgen aufgetaut ist. Dann schneidest Du Flügel, den Hals und alle erreichbaren Fetteile ab. - Nimmst Magen, Herz und Leber, Suppenkraut, Suppenextrakt, Pfeffer, den Wein vom Obsteinweichen und Wasser und läßt dieses nebenbei einköcheln.
Die gewaschene Gans noch einmal durch Feuer von Daunen befreien, wieder waschen und allseitig mit Pfeffer und Salz einreiben. Du rührst das Obst mit 3 Löffel Zucker, dem geriebenen Brötchen oder mit soviel Paniermehl an, daß dieses als steifer Teig in die Gans hineinkommt. Nun nähst Du alle Löcher der Gans zu und schiebst sie in den mit 220° vorgeheizten Ofen. Nach einer Viertelstunde drehst Du die Gans um und nach einer weiteren Viertelstunde noch einmal, um dann die Backtemparatur auf 170° zu mindern. Nach dreieinhalb Stunden ist die Gans gar.

Schön braun wird sie, wenn Du alle 10 Minuten klare Suppe – ohne Fett – über die Gans laufen läßt. –

Wenn Deine Tischgäste Gänseschmalz mögen, nimmst Du das Fett von der Gans und von der Suppe ständig ab und füllst es in einen Topf. Vorher gibst Du in den Topf ein viertel Pfund Kokosfett, zwei Apfelscheiben, einen Löffel frischen, grünen Pfeffer, eine gute Hand voll Röstzwiebel und eine halbe Knoblauchzehe. Alles etwas mitköcheln lassen, immer mal umrühren, dann durch ein Sieb gießen und in einer Schüssel erkalten lassen.

Der Bratenfond ist nun wohl recht salzig und kräftig. Hier ist nun mit Wein, Zitrone, saurem Rahm und Andickmittel eine feine Soße zu gestalten. Sie muß am Schluß noch einmal aber noch einmal aufkochen.

Dazu gibt es leichte Mehlklöße oder Salzkartoffeln. Als Beilagen sind Rotkohl, aber auch Rosenkohl in der Marsch und auf der Geest bekannt.

Das dazu ein guter Lübecker Rotspon dann so einen Tag zu einem Festtag macht, werden mir Lustesser wohl zugeben. Mir ist jedenfalls danach. -

„Eine Gans pro Woche macht wohl nicht dick, - während zwei Gänse wohl doch beim Wiegen niederschlagen!"

Nacken-Pann´

Von Gisela Pechacek

„Richdig Fleesch broden könnt man de wenigsten !"
Dat sä mien Mudder vör dörtig Johr to mi, - dat seggt de Slachter
över den Smutje hüüt noch - un dat segt de Krüsche to jeden, de
em brodes Fleesch vörsetten deit. Männigmol is dor jo ook wat
an. Jedereen, de broden kann, weet wie affhungen un wie riep dat
Fleesch sien mutt, - un will ook dorno inkäupen. Man bloß wat
weet de Lüüd, de Di hüt dat Fleesch övern Tresen langt, denn
noch dorvon ? So is dat denn woll to düsse Oort von Rezepten
komm´, wo een kuum noch wat verkehrt moken kann, - wo dat
Fleesch bi ´t Broden von alleen möör un saftig blivt.

**Wenn veer Lüüd an ´n Disch richdig tolangt wöllt,
köffst Du för Diene Nackenpann´ so in :**

Tweeuneenhalf Pund Swiensnacken ohn´ Knoken in dünne Schie-
ben, dree Pund Kartüffeln, een Pund Zibbeln, een godes halbes
Pund deftig geräukerten, dörchwussen Buuk-Speck, Solt, Peper un
so ´n Kruutkroms, as Dien Lüüd dat mögt (Thymian, Majoran,
Estragon, Knuuf, ober ook Paprika, Peperoni un so ´n neemodi-
schen Krom).

Mit wenig Tied mokst Du dat Eten so :

Dat Fleesch een´Dag vörher kort un scharp anbroden, mit Peper,
Solt un Kruutkroms inrieben un denn mit dünne Schieben von den
Buukspeck un de Zibbelschieben ümschichtig in eene Glas-
Kasserull aneenannerleggen. Vörher is de Kasserull intofetten.
Dat sull eenen goden Dag scheun keuhl eenerwegens togedeckt
stohn.

Klock Veddel no tein bringst Du Dienen Backoben op 175° C, settst Dien Kasserull dorin un decks' ehr fein mit 'n Alu-Folie aff, wenn Du keenen Deckel mehr to Dien Kasserull hest. (Meist sünd de Ort Dinger ja ook all tweismeeten!)

No 'n Stünn nimmst' den Deckel oder de Folie aff, dormit dat von boben noch so 'n beten bruun ward. –

In de Twüschentied kanns' jo Kartüffeln koken oder wenn Du noch kolde, gekokte stohn hest, mookst Du Brodkartüffeln. –

Fein smeckt dorto ook 'n scheunen Blatt-Solot oder Feldsolot. Ook een' von Liebesappeln mit frische Zibbeln oder 'n Gurkensolot mit Dill un Zitron'. –

So gegen Klock 12 könnt Dien Lüüd an 'n Disch sitten un se ward sick Diene Nackenpann'smecken loten.

Un soveel Arbeit hett düsse Mohltied doch ook nich mookt. - Dat givt jo ook Rezepten, dor bruukst de duppelte Tied för - un 't smeckt ook nich beter. - Satt sünd se hiermit ook worden un veel Geld hest Du ook nich utgeben. –

„Woveel' Minschen mööt von Eten un Drinken leben ?"

Schweinenacken-Pfanne

Von Gisela Pechacek

„Nur wenige Leute können Fleisch richtig braten !"
Das sagte meine Mutter vor dreißig Jahren zu mir, - das sagt der
Schlachter über den Koch noch heute – un das sagt der Wähleri-
sche zu jedem, der ihm gebratenes Fleisch vorsetzt. Manchmal ist
es ja auch berechtigt. Jeder, der braten kann, weiß wie abgehan-
gen und wie reif das Fleisch sein muß, - und will auch danach
einkaufen. Nur was weiß heute das Personal, welches Dir das
Fleisch über den Thresen schiebt, denn noch davon ? So ist es
denn wohl zu dieser Art von Rezepten gekommen, wo man kaum
noch was verkehrt machen kann, - wo das Fleisch ohne besonde-
res Zutun beim Braten mürbe und saftig bleibt.

Wenn vier Tischgäste großen Appetit haben, kaufst Du für Deine
Schweinenacken-Pfanne :

1,25 kg entbeinten Schweinenacken in dünnen Scheiben, 1,5 kg
Kartoffeln, 0,5 kg Zwiebeln, 300 gr würzig geräucherten, durch-
wachsenen Bauchspeck, Salz, Pfeffer und Gewürze nach dem
Geschmack Deiner Tischgäste (Thymian, Majoran, Estragon,
Knoblauch, - aber auch Paprika, Peperoni und andere exotische
Sachen.)

Zubereitung mit geringem Zeitaufwand :

Das Fleisch am Vortag kurz und scharf anbraten, mit Pfeffer, Salz
und den Gewürzen versehen und dann mit dünnen Scheiben des
Bauchspecks und den Zwiebelscheiben schichtweise in einer glä-
serne Kasserolle aneinanderlegen. Die Kasserolle ist vorher tun-
lichst einzufetten. Diese sollte abgedeckt reichlich einen Tag kühl
stehen.

10:15 Uhr heizt Du Deinen Umluftbackofen auf 175°C, setzt Deine Kasserolle hinein und deckst sie mit einer hitzebeständigen Folie ab, wenn Du keinen Deckel mehr zu Deiner Kasserolle hast. (Zumeist sind diese Deckel ja schon heruntergefallen!)
Nach einer Stunde nimmst Du den Deckel oder die Folie ab, damit die Oberfläche noch etwas bräunt.
Zwischenzeitlich sind die Kartoffeln zu kochen, oder Bratkartoffeln zu machen.
Schmackhaft ist ein dazu gereichter Blatt- oder Feldsalat. Auch ein Tomatensalat mit frischen Zwiebeln oder ein Gurkensalat mit Dill und Zitrone.
Etwa um 12°° Uhr kannst Du Deine Gäste zu Tisch bitten und sie werden sich Deine Schweinenacken-Pfanne schmecken lassen.
Und soviel Arbeit hat diese Mahlzeit doch nicht gemacht. – Es gibt auch Rezepte, wo man die doppelte Zeit für die Zubereitung braucht – und es schmeckt auch nicht besser.
- Satt sind Deine Tischgäste auch geworden und sparsam warst Du auch !

„Wieviele Menschen müssen vom Essen und Trinken leben ?"

Frikadellen
Von Harry Hellmuth

As sick no 'n Krieg allns wedder so 'n beten torecht lopen harr, hebbt de Ami's versöcht, uns mit ehr' backsige Cola, mit jümmern „Tschuing Gum" un mit jümmer blaue Jean's dat Geld ut de Taschen to trecken. Is jüm jo ook glückt, - dat wär jo ut de „Nee'e Welt", - dat wär jo wat. –

So käm denn ook een gewissen „Mäck Donnäld" mit uns' Hamborger Frikadellen wedder no hier, - packt se mit 'n Solotblatt in so 'n opgeklapptes Pappkokenbrot, smeert dor Tomotenmoos un Majonees röber, streit dor Zibbeln ut de Fritteus röber un näumt dat nu „Hämbörger"! -

Keen Messer,- keen Gobel,- keen Töller, - bloß Papp to 'n anfoten, – un Papeerlappens to 'n Finger un Snut affwischen. – Dat is denn so een dickes Paket, dat Du dat Muul gornich wiet genog opkriegst. Denn löpt Di dat all buten an de Backen hendool, - klackert öber 'n Disch, - backt an de Finger, - an 't Tüüg! - - -

Dat is doch keen „Eten", dat is doch man bloß so, wie wat to 'n Schieten innehm'! -

Öberall op de Welt, wo Fleesch eten ward, ward ook Resten lüttsneden, dörchdreiht un mit anner Soken so verreuhrt, dat dor Klüten von dreiht, breetdrückt un brood warden könnt. De givt dat denn mit Brotkartüffeln, - Kartüffelsolot oder sünstwat, - ober meisttieds mit Messer un Gobel - un op 'n Töller ! -
De heet denn Buletten, Hacksteaks, Klopse, Cevapcici, Bratlinge, - un in Hamborg heet se siet Johr un Dag „Frikadellen".
As Jungs hebbt wi dor ook „Kamelkötel" un „Schansonettentitten" to seggt, ober dat hebbt de Olen nich heuren dröfft, denn gäv dat langen Hobern. –

As Jung' hett mien Mudder mi sünnobends no 'n Bäcker schickt. Denn müss ick veer Rundstück un acht Bruunkoken holen. Dat wär jümmer för sössuntwindig Penn': 'N Groschen för de veer Rundstück un twee Penn för 'n Bruunkoken. Vadder kreeg op de Warft 'n Stünn'lohn von tweeunveerdig Penn'; un so n' Mohltied - nomiddags Kaffeedrinken - gäv dat öberher un bloß sünnobends. Denn kreeg jedereen 'n halben Rundstück mit Bodder, door wär 'n Bruunkoken ropbackt. Op den annern halben Rundstück käm Bodder un 'n halbe Schief Swattbrot. – Dat hett mien Mudder 'n **„Hamborger"** näumt. – Doran mutt ick jümmers denken, wenn ick hüt de Lüüd mit den Backskroom von düsse „Mäcks Sünswat" rümslarren seh'. - Ober keen dat so mookt, - de mag 't mögen, - un is jo ook jedereen sien Sook!

Frikadellen un Frikadellen sünd jo noch langen nich dat sülbige, - gläuv dat man jo nich. Ober wie Du de breetgedrückten Fleeschklüten ook benäumen, tosomenreuhren un broden deist, - Frikadellen ward dat jümmers, wenn Du för veer Frikadellen een Ei dortonimmst :

Söllt se nich dick moken, heurt dor mogeres Hack to, wenig Fett un veel Zibbel ran.-

Söllt se fein smecken, - kanns' Du meist jedes Kruut von düsse Welt doran doon. -

Söllt se cholesterinarm sien,- Knuuf, Greuntüüg, ole Rundstück un moger Homelhack dorför nehm'.-

Söllt se lang'in 't Schaufenster liggen, - in Paniermehl ümdreihn un hellbruun broden.-

Söllt se wat verslogen, - op twee Pund Fleesch een Pund Räukerspeck to Hack dörchdreihn. -

Söllt se lang holen - för 'n Reis' mit 'n lütt Seilschipp, mit 'n Fohrrad oder sowat, - veel Solt un Peper un veel Brot ranreuhren.

Ober besnack dat man vörher mit Dien Lüüd, - anners smiet' se mit de Frikadellen no den Smutje !

Frikadellen
Von Harry Hellmuth

Als sich nach dem Krieg alles wieder etwas beruhigt hatte, haben die Amerikaner versucht, uns mit ihrer klebrigen Cola, mit ihrem Kaugummi und mit ihren blauen Jeans das Geld aus den Taschen zu locken. Es ist ihnen ja auch geglückt, - das war ja nun die „Neue Welt", - das war ja was. –

So kam denn auch ein gewisser „Mäck Donald" mit unseren Hamburger Frikadellen wieder hierher, - packt sie mit einem Salatblatt in so ein aufgeklapptes Pappkuchenbrot, schmiert Ketchup und Majo darüber, streut Röstzwiebeln aus der Friteuse darüber und nennt diese nun „Hämbörger"! – Kein Messer, - keine Gabel, - kein Teller, - bloß Pappe zum anfassen - und Papierservietten zum Hände- und Mundabwischen. – Dabei ist das so ein dickes Paket, daß man den Mund garnicht weit genug aufbekommt. Dann läuft es Dir schon außen an den Wangen herunter, - kleckert über den Tisch, - klebt an den Fingern, - an der Kleidung ! – Das ist doch kein Essen, das ist allenfalls Verdauungsförderung! –

Überall auf der Welt wo Fleisch gegessen wird , werden auch Reste zerschnitten, maschinell zerkleinert und mit anderen Zutaten versehen. Da werden Klöße von geformt, breitgedrückt und gebraten. Die gibt es denn mit Bratkartoffeln, - Kartoffelsalat oder sonstwas, - aber immer mit Messer und Gabel – und auf einem Teller ! –

Die heißen dann Bouletten, Hacksteaks, Klopse, Cevapcici, Bratlinge, - und in Hamburg seit eh und jeh „Frikadellen".
Als Jungens haben wir sie auch „Kamelkötel" und „Chansonettentitten" genannt, aber das durften die Eltern nicht hören, dann setzte es was.

Als Junge schickte mich meine Mutter zum Bäcker. Dann mußte ich vier Brötchen und acht Braunkuchen holen. Das war immer für 26 Pfennige : 2,5 Pfennig für ein Brötchen und 2 Pfennig für ein Braunkuchen. Vater vertdiente auf der Werft 42 Pfennig pro Stunde; und so eine Mahlzeit – nachmittags Kaffeetrinken – gab es zusätzlich und nur sonnabends. Dann bekam jeder ein halbes Brötchen mit Butter, darauf kam ein Braunkuchen. Auf die andere Hälfte kam Butter und eine halbe Scheibe Schwarzbrot. – Das hat meine Mutter **„Hamburger"** genannt. – Daran werde ich ständig erinnert, wenn ich heute die Leute mit dem Klebkram von diesen „Mäcks Sonstwas" herumschieben sehe. – Aber wer es so macht, - der mag es so mögen, - und es ist ja auch jedermans Sache !

Frikadellen und Frikadellen sind ja noch lange nicht dasselbe, - glaube das nur nicht. Aber wie Du Deine verbreiterten Fleischklöße auch benennen, zusammenstellen und braten wirst, Frikadellen sind das immer, wenn Du für vier Frikadellen ein Ei dazunimmst :

Sollen sie nicht dick machen : Mageres Fleisch, wenig Fett und viel Zwiebeln. -

Sollen sie pikannt sein : Hilft fast jedes Gewürz dieser Welt dabei. -

Sollen sie cholesterinarm sein : Knoblauch, Gemüsemus, ältere Brötchen und mageres Hammelhack. -

Sollen sie lange im Schaufenster liegen : In Paniermehl wenden und hellbraun braten. -

Sollen sie sättigen : Auf zwei Pfund Fleisch ein Pfund Räucherspeck zu Hack verarbeiten. –

Sollen sie lang frisch bleiben, für eine Segelschiffsfahrt, eine Radtour oder sowas : viel Pfeffer und Salz, kein Ei und viel Brot dranrühren. –

Aber dieses alles bedarf der vorhergehenden Absprache, andernfalls werfen die Leute mit den Frikadellen nach dem Koch !

Wötteln un Zippeln

Von Götz Sperling

Wat 'n so för veer Lüüd woll brukt ...

Een Pund Zippeln, twee Pund Wötteln, twee Pund Kantüffeln, annerthalf Pund Isbeenfleesch – keen dat Fett nich will, de kann jo Fleeschextrakt ut 'n Doos nehm' -,
Lorbeerblatt, Peterzill, Peper, Solt un Fett to 'n Broden von de Zippeln.

... un wie man dat torechtmooken kann ...

Wenn Du dat mit Fleesch moken wullt, denn kokst Du dat so 'n annerthalf Stünns Tied mit Peper, Solt un Lorbeer in Woter. In de Tied kannst Du jo Kantüffeln schelln, Wötteln schropen un Zippeln pelln. De Kantüffeln eenmol dörchsnieden, de Wötteln in Happen snieden un de Zippeln lütthacken. Wenn dat Fleesch gor is, kokst Du in dat Fleeschwoter de Kantüffeln un de Wötteln. Wenn Du keen Fleesch doran hest, kummt nu dat Fleeschextrakt dor an. Ober mit 'n beten Gefeuhl, dor sünd denn jo ook noch de Zippeln. - In de Tied kanns' jo de Zippeln in dat Fett anglosen un ook de Peterzill hacken.
Wenn nu de Kantüffeln un de Wötteln scheun möörkokt sünd, kanns dat Woter affgeten un dat Ganze dörchstampen. Ober nich to fien, anners hest jo nix mehr twüschen de Tähnen. Na jo, - wenn Du 'n poor Ole an 'n Disch hest, mögt se dat woll so as Meuschen - wegen de Kaueree.

... un wie man dat op 'n Disch bringt :

Een Schöttel mit de stampt'n Wötteln un Kantüffeln, 'n lütten Putt mit de glosigen Zippeln op wat to 'n Warmholn' un 'n Holtbrett mit dat Fleesch. Denn kann sick jedereen dat affsnieden wat he mag. Ook öber dat Fleesch müß woll wat to 'n Warmholn sien, anners is jedereen bangn' wat dat to gau affkeuhlt. Un denn eet se wedder so gau, dat jüm dat nich bekummt. -

Wurzeln und Zwiebel
Von Götz Sperling

Was für vier Personen etwa benötigt wird ...
½ Kilo Zwiebel, 1 Kilo Wurzeln, 1 Kilo Kartoffeln, ¾ Kilo Eis-
beinfleisch – wer das Fette nicht möchte, der kann gekörnte
Fleischbrühe verwenden, Lorbeer, Petersilie, Pfeffer,
Salz und Bratfett für die Zwiebeln.

... und wie man das zubereitet ...
Wenn Du das mit Fleisch anrichten willst, dann kochst Du dieses
so etwa 1,5 Stunden mit Pfeffer, Salz und Lorbeer in Wasser. In
der Zeit kannst Du Kartoffeln schälen, Wurzeln schrapen und
Zwiebeln pellen. Die Kartoffeln einmal durchschneiden, die Wur-
zeln in mundgerechte Happen teilen und die Zwiebeln zerkleinern.
Wenn das Fleisch gegart ist, kochst Du in dem Fleischwasser die
Kartoffeln und die Wurzeln. Wenn Du kein Fleisch verwendet
hast, kommt nun die gekörnte Brühe daran. Aber bitte sehr ein-
fühlsam, denn es würzen ja auch noch die Zwiebeln. In dieser
Zeit kann man ja die Zwiebeln im Fett anglasen und die Petersilie
vorrichten.
Nach dem Garen der Wurzeln und der Kartoffeln ist das Wasser
abzugießen und das Ganze durchzustampfen. Aber nicht zu fein,
damit man noch etwas zwischen den Zähnen spürt. Na ja, - wenn
Du nun einige Alte am Tisch hast, mögen sie wohl ein solches
Gemuse – wegen des leichteren Kauens.

... und wie man Solches serviert :
Eine Schüssel mit den gestampften Wurzeln und Kartoffeln, ein
kleines Gefäß mit den geglasten Zwiebeln auf einer Warmhalte-
vorrichtung und ein Holzbrett mit dem Fleisch. Dann kann sich
jeder das abschneiden was er mag. Auch über dem Fleisch täte
eine Warmhaltevorrichtung gut, anderenfalls fürchtet jeder die
schnelle Abkühlung. Und dann ißt jeder wieder so schnell, daß
es unbekömmlich ist. -

Een Putt vull Kruut un Reuben

Von Ilse Wendt

För söss Lüüd mutt dat her:

Dat Halbe von een lütten Kopp witten Kohl,
dat Halbe von een lütten Kopp krusen Kohl (Wirsing),
'n godes halbes Pund Steekreuben,
'n godes halbes Pund Kartüffeln,
eene grote Zibbel,
eene Stang' Purree,
een Bund glatte Peterzill,
'n halbe Tass' Eul,
annerthalf Liter Supp von Greuntüg,
Solt, Peper un Muskot.

. . . . .un so ward dat mokt:

Den Kohl waschen, de Strünk rutsnieden un den Kohl in fine
Striepen snieden. De Reuben waschen un ook in lütte Würfel
snieden. Kartüffeln un Zibbeln schellen un ook in in Würfel snie-
den. Purree mit dat frische Greune waschen, in fine Striepen snie-
den un de Peterzill groff hacken.

Eul in 'n Putt kriegen, all dat Greuntüg 'n beten anglosen, denn de
Supp doröber geten un allns 'n gode halbe Stünn prüddeln loten.

Scheun mit Solt, Peper un Muskot affsmecken un de, de keen
Fleesch mehr eet' - lickt sick dat Muul.

Hest Du ober Fleescheters an 'n Disch, denn mutt de Supp nich
von Greuntüg sien, denn heurt dor een Stück Ossenbeen in kookt
im lüttsneden.

Dat duurt wat länger, ober is denn jo ook ganz wat Feines !

Ein Topf voller Kraut und Rüben
Von Ilse Wendt

Zutatenbedarf für 6 Personen:
Die Hälfte eines kleinen Kopfes Weißkohl,
die Hälfte eines kleinen Kopfes Wirsingkohl,
300 gr Steckrüben,
300 gr Kartoffeln,
1 große Zwiebel,
1 Stange Porree,
1 Bund glatte Petersilie,
6 Eßlöffel Speiseöl,
1,5 Liter Gemüsebrühe,
Salz, grober Pfeffer und Muskatnuß.

und so wird zubereitet:
Den Kohl nach dem Entfernen des Strunkes waschen und in feine Streifen schneiden. Die Steckrüben nach dem Waschen in Würfel schneiden. Kartoffeln und Zwiebeln nach dem Schälen ebenfalls würfeln. Porree mit dem brauchbaren Grünanteil waschen und in feine Streifen schneiden und die Petersilie grob hacken. Das Grünzeug mit dem Öl im Suppentopf ein wenig glasieren, die Suppe einfüllen und alles etwa 35 Minuten schwach kochen lassen. Nun einfühlsam mit Salz, Pfeffer und Muskatnuß abschmecken, und es werden alle Vegetarier ihre reine Freude bekunden.

Hast Du jedoch Fleischesser am Tisch, dann muß die Suppe nicht nur Grünzeug enthalten. Dann empfielt sich ein darin gegartes Stück vom Rinderbein, welches vor dem Servieren zu zerkleinern ist.

Das ist etwas zeitaufwendiger, aber im Ergebnis ein besonderes Essen!

Hamborger Rookfleeschklüten

Vun Ursel Gier

Wenn du mol so recht wat Deftiges eten wult, denn probeer doch mol Rookfleesch-Klüten.

Dorto bruukst du:

`N lütt half Pund Bodder,
twee Eier,
veer Eigeel,
veer Etlepel Mehl,
twee Rundstück - lüttsneden un brun anbrot,
twee Rundstück - in Melk inweekt un denn god utdrückt,
´n vettel Pund hacktes Rookfleesch,
Petersill, Solt un Muskot.

Un so ward se mookt :

De Eier, dat Eigeel un de Bodder - bit op twee Etlepels - mit Muskat un Solt good verreuhern.
Dat Mehl reuhrst Du dörch een Siff un giffst dat dorto.
Nu muß dat allens nochmol good dörchreuhrn.
Wenn du de Melkrundstück, de lüttsneeden un anbrot´n Rundstück, dat Rookfleesch un de Petersill dor ok noch to doon hest, kannst dat allens fein dörchkneden und scheune Klüten von dreihn.

De muß du denn in koken Woter insetten un gorkoken bit se swemmt.

Denn setts de Klüten mit de Schumkell in de Klütenschöttel un streihst dor Paniermehl röber, un dorröber giffst du de scheune utloten brune Bodder von de twee Eetlepels, de Du nich to den Klütendeeg nommen hest.

Dorto kanns´ Du Dien Lüüd allns Greuntüg – Breekbohnen, Arfen un Wöddeln, Porree, Brokoli, Rosenkohl un wat nich allns anbeeden.

Dat is gesund un sporsom un ick segg Di, dat smeckt verdammt good.–

Ick wünsch Di eenen „ gooden Appetit"!

Hamburger Rauchfleischklöße
Von Ursel Gier

Wenn Du mal was richtig Deftiges essen willst, dann probier doch mal Hamburger Rauchfleischklöße.

Dazu brauchst Du:

200 gr Butter,
zwei Eier,
vier Eigelb,
vier Eßlöffel Mehl,
zwei Brötchen – kleingeschnitten und braun geröstet,
zwei Brötchen – in Milch eingeweicht und ausgedrückt
ein 1/8 kg gehacktes Rauchfleisch,
Petersilie, Salz und Muskat.

Und so wird's gemacht:

Die Eier, das Eigelb und die Butter (bis auf zwei Eßlöffel) mit Muskat, und Salz gut
verrühren.

Das Mehl rührst Du durch ein Sieb und gibst es an die Butter.

Nun mußt Du alles noch einmal gut durchrühren.

Wenn Du die eingeweichten und die kleinegeschnittenen und angebratenen Brötchen, das gehackte Rauchfleisch und die gehackte Petersilie dazugetan hast kannst Du alles gründlich durchkneten und schöne Klöße drehen.

Die mußt Du dann in kochendes Wasser setzen und garkochen bis sie schwimmen.

Die Klöße werden mit der Schaumkelle in eine Schüssel gegeben, mit Paniermehl bestreut und mit der restlichen, braun ausgelassenen Butter übergossen.

Dazu kannst Du Deinen Leuten alles Gemüse (Brechbohnen, Erbsen und Wurzeln, Rosenkohl, Blumenkohl usw.) anbieten.

Das ist gesund und sparsam, und ick sag'Dir, - es schmeckt verdammt gut. −

Ich wünsch Dir einen „Guten Appetit" !

Frische Supp´
Von Helene Menk

För veer Lüüd ward bruukt :

Een Ossenbeen von annerthalf Pund,
een Swiens-Neer,
een grotes Bund Suppenkruut,
een Bund Peterzilln,
een veddel Pund Nudeln, (Steerns, Heuern, wat Dien Lüüd so möögt)
een halbes Pund Hack von Ossen un Swien,
een Büdel Ries,
n´poor lütte Zibbel,
 een halben Rundstück,
een Ei,
Peper un Solt.

Un kookt ward dat so :

Dat Ossenbeen un de Neer mit Solt un annerthalf Liter Woter een gode Stünn´ kooken loten. Denn de Neer ut den Putt rutnehmen un dat Suppenkrut rinsmieten un wieder kooken loten. No´n Tied von twindig Minuten de Nudeln in den Putt geben.

Nu de Hackklüten trechtmoken. Brot, Hack, Ei, Zibbeln anreuhren, mit Peper un Solt affsmecken un lütte Klüten ut dreihn.

Dat Fleesch mutt nu rut ut den Putt un mit de Neer in lütte Stücken sneden warden. Nu de lütten Klüten in de Supp doon un tein Minuten trecken loten. Wenn se denn boben swemmt, dat Fleesch un de Neer wedder rin in den Putt. Nu de fienhackte Peterzill överstreihn un allns scheun heet op den Disch bringen.

De Ries ward in een annern Putt kookt un in een Schöttel dorto stellt. Jedereen kann sick nu de Supp dormit so dick moken, dat he man satt ward.

Frische Supp ward in Hamborg ook veel mit Mehlklüten un Brotklüten kookt. An de Brotklüten hett mien Dante Greten jümmer Muschotennut an mookt. Ick heff dat geern mücht, man mien Lüüd möögt dat nich.

Schood is dat, ober ick gläuv de Lüüd sünd hüüt orig wat krüüscher as freuher.

Na, - se ward jo nu ook satt.- Ober wat geit jüm allns ut de Nees ?

Frische Suppe
Von Helene Menk

Man benötigt für vier Personen :

Etwa 750 gr Ochsenfleisch vom Bein,
ein Niere vom Schwein,
ein großes Bund Suppenkraut,
ein Bund Petersilie,
ein viertel Pfund Nudeln, (Sternen-Nudeln, Hörnchen-Nudeln, wie es beliebt)
ein halbes Pfund gemischtes Hackfleisch,
ein Beutel Reis,
ein paar Zwiebeln, ein halbes eingeweichtes Brötchen, ein Ei, Pfeffer und Salz.

Und gekocht wird so :

Das Ochsenfleisch und die Niere läßt man mit Salz reichlich eine Stunde kochen. Dann nimmt man die Niere heraus und gibt das Suppenkraut hinein. Man läßt es nun weiterkochen und fügt nach zwanzig Minuten die Nudeln hinzu.

Nun sind die Hackklöße herzurichten. Dafür sind Brot, Hackfleisch, Ei und Zwiebeln zu vermengen, mit Pfeffer und Salz abzuschmecken und zu kleinen Klößen zu verarbeiten.

Das Fleisch ist nun aus dem Topf zu nehmen und mit der Niere in kleine Stücke zu schneiden. Nun sind die Klöße in die Suppe zu geben und diese sollten zehn Minuten ziehen. Wenn diese dann oben schwimmen ist das Fleisch und die Niere wieder in den Topf zu tun. Nun ist diese mit der feingehackten Petersilie zu überstreuen und heiß zu servieren.

Der Reis wird gesondert gegart und in einer Schüssel dazu gestellt. So kann sich ein jeder die Suppe so andicken, daß er satt wird.

Frische Suppe wird in Hamburg auch oft mit Mehlklößen bzw. Brotklößen gekocht. Die Brotklöße würzte meine Tante Margarete immer mit Muskatnuß. Ich mochte das gern, nur meine Familie mag das nicht.

Schade ist das, aber ich glaube die Menschen sind heute erheblich wählerischer als früher.

Na, - sie werden ja nun auch satt. – Aber was entgeht ihnen alles ?

Rode Grütt

Von Gisela Westphal

Dor wo plattdüütsch snackt ward, dor ward ook Rode Grütt eten. Mol as Leckerkrom, ober in ′n heeten Sommer ook mol middags to ′n Satteten. −

Hermann Claudius hett dat „Rot un Witt′" op ′n Töller all mit sien Gedicht von „Lütt-Heini" een Denkmol sett′:

> „In de School de letzte Stünn
> kunn he sick op nix besinn′. −
> Un mit Bookstabeern un Lesen
> is he lang′ so dumm nich wesen.
> Man he käm bi dat un dütt
> jümmers bloß op Rode Grütt !"

Un ook düsse Michael Gorbatschew sall sick düchdig dat Muul lickt hebben, as he bi Helmuth Schmidt sien Fro Loki in Hamborg Rode Grütt vörsett′ kreeg.

Jede Köksch hett gewiß ehr eegen Oort Rode Grütt to koken, ober so kann dat Rezept woll utsehn för een′ Oort von Rode Grütt. In de Beerntied op ′n Markt is to käupen :

> ½ Pund Himbeern,
> ½ Pund Jehannsbeern,
> ½ Pund Kasbeern un
> ½ Pund Brummelbeern.

Allns scheun waschen, de Jehannsbeern affstreupeln, de Kasbeern utsteen′n, - allns mit ′n ½ Pund Zucker un ′n lüttbeten Woter sachen prüddeln loten − ook mol ümreuhrn -bit dor veel Saft opsteiht. ′N Hoorsiff op een′ annern Putt setten un allns sachen dörchdrückt, wenn dat `n klore Grütt warden sall. Anners lötst´ de Beern dorbinnen un reuhrst se op as Marmelod. Denn mit ´n Stang´ Vanilje oder mit Kaneel un Zucker affsmecken un mit Maismehl oder Weetengries andicken. Nu op Töllers oder in Glasschötteln geeten un affkeuhlen loten.

An ´n Disch kann sick jedereen Melk, seuten Rohm - un oder ook Slagrohm doröberdoon.

Dat smeckt so fein, wat ´n sick wohren mutt, nich as so ´n utge-hungerten Dagleuhner to slingen un to sluken. –

To Huus hett dat denn heeten :
           „Na Leckertähn, - mags´ ook greune Seep ?“

Rote Grütze
Von Gisela Westphal

Dort wo man plattdeutsch spricht wird auch Rote Grütze geges-sen. Einmal als Leckerei, aber zur warmen Jahreszeit auch mittags zum Sattessen.

Hermann Claudius hat dem „Rot und Weißen“ auf dem Teller mit seinem Gedicht von „Lütt-Heini“ ein Denkmal gesetzt :

In der letzten Schulstunde
konnte er sich auf nichts mehr besinnen.
Und mit Buchstaben und Lesen
war er lange nicht so dumm gewesen.
So kam er bei diesem und jenem
immer wieder auf Rote Grütze. -

Und auch dieser Michael Gorbatschow hat sein Behagen kundge-
tan, als er von Helmuth Schmidts Frau Loki in Hamburg Rote
Grütze serviert bekam.

Jede Köchin hat wohl ihre eigene Art Rote Grütze zu bereiten,
aber so könnte das Rezept für eine Art der Roten Grütze wohl
aussehen. In der Beerenzeit sind auf dem Markt zu kaufen :

Jeweils ein halbes Pfund von Himbeeren,
Johannesbeeren, Kirschen und Brombeeren.

Alles gut waschen, die Johannisbeeren entstengeln, die Kirschen
entsteinen, alles mit einem halben Pfund Zucker und etwas Was-
ser ein wenig köcheln lassen – auch einmal umrühren – bis dort
viel Saft drauf steht.

Ein Haarsieb auf einen Topf setzen und alles hindurchdrücken,
wenn es klare Grütze werden soll. Anderenfalls beläßt man die
Beeren darin und rührt sie wie Marmelade auf.. Dann mit einer
Stange Vanille oder mit Zimt und Zucker abschmecken und mit
Maismehl oder Weizengries andicken. Nun in Teller oder Glas-
schüsseln portionieren und abkühlen lassen.

Am Tisch kann sich jeder Milch, süßen Rahm und oder auch
Schlagsahne darübertun.

Das schmeckt so gut, daß man sich hüten muß, wie ein ausgehun-
gerter Köter zu schlingen und zu schlucken. –

Zu Haus hieß es dann :
„Na, Du Leckermaul, magst Du auch Grüne Seife?"

Mekelborger Götterspies
Von Ilse Wendt

Du brukst :

150 gr scheun düsteres Swatbrot
100 gr Schokolodenraspels (*zartbitter*)
50 gr brunen Zucker
50 ml Rum
½ Liter seuten Rohm
1 Pak. Vaniljezucker
2 Pak. „Sahnesteif" (dormit de Slagrohm recht stief ward!)
250 gr Krohnsbeernmos

Du mookst

dat Swatbrot recht fin kreumelig und reuhrst dat mit de Schokolod, den Zucker un den Rum god tosomen..

Mit Rohm,Vaniljezucker un Sahnesteif mokst Du ´n scheunen stieben Slagrohm.

Denn nimms Du ´n grote Glasschöttel un krigst dat denn dor ümmschichtig rin. Man keen Schicht dicker as Dien lütten Finger :

Krohnsbeern - Slagrohm - Swattbrotbacks, Kronsbeern - Slagrohm - Swattbrotbacks, un so wieder.
Dat süht mit Swatt-Witt-Rot meist so ´n beten national ut.

Hest Du Rode oder Greune an ´n Disch, kanns jo mit ´n anner Cleur anfangen un mit Slagrohm opheurn.

Wenn Du denn noch brune Schokolod röberstreist un dor muult doch een rüm von wegen „politische Symbolhaftigkeit" oder so- wat, - denn nimms em glieks sien´ Töller weg : Quarkbüdels hebbt keen Götterspies verdeent !

De annern Lüüd an ´n Disch ward den Andeel von de Roden un Greunen woll mit wegputzen, wiel dat de

Mekelborger Götterspies
eenen sünnerlichen Leckerkrom is !

Mecklenburger Götterspeise
Von Ilse Wendt

Du benötigst :

150 gr recht dunkles Schwarzbrot
100 gr zartbittere Schokoladenraspel
50 gr braunen Zucker
50 ml Rum
½ Liter süßen Rahm
1 Pak Vanillezucker
2 Pak. „Sahnesteif" (Für die Steifigkeit der Schlagsahne)
250 gr Preißelbeerenmus

Du machst . . .

das Schwarzbrot recht feinkrümelig und rührst es mit der Schokolade, dem Zucker und dem Rum sorgfältig zusammen.

Mit dem Rahm, dem Vanillezucker und dem „Sahnesteif" machst Du eine steife Schlagsahne.

Dann nimmst Du eine große Glasschüssel und füllst da abwechselnd hinein. Nur keine Schicht dicker als Dein kleiner Finger : Preißelbeeren - Schlagsahne - Schwarzbrotgemenge , Preißelbeeren - Schlagsahne - Schwarzbrotgemenge, und so weiter.   Das sieht mit „Schwarz-Weiß-Rot" etwas national aus. –

Hast Du jedoch Tischgäste mit roter oder grüner Gesinnung kannst Du ja mit einer anderen Farbe anfangen und mit der Schlagsahne aufhören.   Wenn Du dann noch von der braunen Schokolade darüberstreust und es nörgelt doch einer wegen „politischer Symbolhaftigkeit", dann nimmst Du ihm gleich den Teller weg :

Meckerer haben keinen Anspruch auf Götterspeise !

Die anderen Gäste am Tisch werden den Anteil der Roten und Grünen wohl mit verzehren, weil die

Mecklenburger Götterspeise

eine erlesene Leckerei ist !

Een Woort achterran . . .

So 'n „Plattdüütschen Stammdisch" sull dat allerwegens geben. He kann ook „Sluderkrink" oder „Klookschieters" heeten. Dat mutt ook keen Verein oder sowat sien, dat givt bloß veel Sabbelee un öberleidige Arbeid. Bloß bi 'n poor Mooten anseggen un denn geiht dat los. Keen kummt - betohlt fief Mark oder twee Euros - un is dorbi. Keen nich kummt, klemmt 'n Oors nich in de Döör. - 'N poor Lüüd sulln wat to 'n Vörlesen mitbringen. Dat mutt so 'n beten utgesöchten Kroom sien. All dat, wo de Lüüd bi smüstert oder dat wo se sick bi besinn' könnt, - dat is to bruken. Dat kann wat von güstern, ober mutt ook wat von hüt sien. Gewiß ober ook 'n beten wat, wo se sick all' bi afflachen könnt. Un woll nich so 'n Krom, wat op Hochdüütsch „Männerwitze" heet. Denn kanns' den Krom all glieks opgeben, - de Lüüd blievt weg.
Dat Bölklachen versleit nix, dat givt keen beten Höög, de anhölt. -

Ein Schlußwort . . .

So einen „Plattdeutschen Stammtisch" sollte es vielerorts geben. Er kann auch „Schluderkreis" oder „Klugscheißer" heißen. Das muß auch kein Verein oder Ähnliches sein, weil das nur viel Gerede gibt und überflüssige Arbeit macht. Nur einige Interressenten ansprechen und es beginnt alles. Wer kommt - bezahlt fünf Mark oder zwei Euros - und ist dabei. Wer nicht kommt - kann sein Gesäß auch nicht in die Tür klemmen. -
Einige Teilnehmer sollten etwas zum Vorlesen mitbringen. Das müssen aber ausgewählte Dinge sein. All das, was die Leute zum Schmunzeln bringt oder was sie zur Besinnung führt, - das ist geeignet. Das kann in der Vergangenheit spielen, aber es muß auch Gegenwärtiges enthalten. Bestimmt muß auch etwas dabei sein, wo sich alle ausgiebig ablachen können. Aber besser nicht das, was auf Hochdeutsch „Männerwitze" heißt. Dann kannst Du Dein Tun aufgeben, - die Leute bleiben weg. Brüllendes Gelächter bewirkt nichts und ergibt schon gar keine anhaltendeFreude.